忙しい人ほど楽になる！

圧力鍋の生涯作り続けたいレシピ100

石原洋子

目次

3章 わが家の定番 絶品おかず

4章 もっちり、ふっくら ごはんもの

この本の決まり

●計量単位は、大さじ1＝15mℓ、小さじ1＝5mℓ、1カップ＝200mℓ、1合＝180mℓです。
●野菜は特に記述のない場合でも「洗う」「ヘタを取る」「皮をむく」などの下ごしらえをしてから調理してください。
●電子レンジの加熱時間は、600Wのものを基準にしています。500Wの場合は、1.2倍の時間を目安にしてください。機種によっては多少の差が出ることもあります。
●本書では、鋳物屋製PC−45Aの圧力鍋を使用しています。レシピはすべて高圧のオモリを使用して調理しています。
●他のメーカーの圧力鍋を使用する場合は、それぞれの取扱説明書に従い調理してください。また、圧力鍋の機種によっては、多少、加圧時間や仕上がりが異なることがあるので、様子を見ながら調整してください。

はじめに

圧力鍋を使い始めて、気がつけば40年以上になります。今使っているのは3台目。忙しいときでも、おいしいものを作りたいわたしにとって、なくてはならない存在です。

なんといっても、圧力鍋はかたまり肉や火が通りにくい野菜をあっという間にやわらかく煮ることができるので、煮込み料理には欠かせなく、重宝に使ってきました。

また、圧力鍋は他のどんなお鍋とも違うので、使い込むほどに探求心を刺激し、新しいおいしさの発見に巡り合う楽しさがあります。そうして、さまざまなメニューを、少しずつ改良しながらでき上がった、時間がないときにうれしいスピードおかずや作りおき、わが家の定番レシピを、この本でご紹介したいと思います。

忙しい人にとって夕食作りは時間との勝負ですから、煮ものや煮込み料理のように時間をかけて作るお料理は敬遠されがちです。そうしたときこそ、頼れるのが圧力鍋。本来なら時間がかかる煮込みも半分、ものによっては$\frac{1}{3}$の時間で、驚くほどおいしくでき上がります。

例えば、筑前煮、肉じゃが、クリームシチューなども加圧時間5分以内で作ることができます。また、ビーフシチューなど時間がかかり、最初から一気に仕上げられないときは、肉だけを加圧してやわらかく煮ておけば、残りの仕上げは夕食前の30分で完成します。魚を骨まで食べられるほどやわらかく煮るのも、圧力鍋の得意ワザです。

さらに、気密性が高いので水分が少なくてすみ、加熱時間が短いので省エネになるといった経済的なメリットまであります。

ぜひ、圧力鍋を身近な場所に置いてみてください。自然とお料理のレパートリーが広がり、食卓が豊かになるはずです。それが家族の健康にもつながっていくことでしょう。この本のレシピを、みなさんのごはん作りに役立てていただけたら、うれしく思います。

石原洋子

圧力鍋のメリット

1 調理時間が短縮できます

普通の鍋で作ると、肉じゃがは40分ほどかかりますが、圧力鍋なら約1/2の20分。豚の角煮は肉の下ゆでに1時間半ほど要しますが、圧力鍋なら約1/3の時間で充分。高温・高圧調理によって、火にかけている時間が大幅に短縮されるからです。白米にいたっては、加圧時間がなんと3分！ しかも浸水はしなくてよいので、ごはん支度の心強いサポーターになること、間違いありません。

4 魚は骨まで食べられます

圧力鍋の実力が存分に発揮される食材といえば、かたまり肉。通常は30分ほど煮るところが、なんと15分ほどでOK！ しっとりとしてやわらか、煮くずれもしません。極めつきは、いわし、さばなどの魚の骨。箸でくずせ、容易に食べられるほどやわらかくなります。もちろん、すじ肉やごぼうはお手のものです。いずれも圧力鍋の高温と高圧がなせるワザ。食材の組織をゆるませて、やわらかくするのです。

圧力鍋のしくみ

圧力鍋は鍋本体とふたを密着して加熱することによって、内部の蒸気が密閉されて圧力が上がるしくみを利用しています。普通、水は100℃で沸騰しますが、圧力鍋の沸点は110℃〜130℃弱。高温高圧調理によって、普通の鍋で調理するよりも、調理時間が1/2〜1/3になるほど短く、しかもやわらかく仕上げることができます。

鍋の中の圧力を高くすることによって、高温調理を可能にする圧力鍋。
「早い、うまい、安い（省エネ）」と三拍子そろっているだけでなく、
ほったらかし、ヘルシー、何でもやわらか！など、うれしいメリットがいっぱいです。

2 栄養を摂取しやすくヘルシー

圧力鍋は高温高圧で調理するから、ビタミンやミネラル類が破壊されやすいのでは？　と気になりますが、加熱時間が短いため、普通の鍋と比較しても、栄養の損失に大きな差はありません。それよりも、圧力鍋を使うと、玄米、乾物、豆、魚の骨などかたいものが食べやすくなり、消化もよくなるので、それらの食品の栄養素も摂りやすくなります。

3 素材のうまみを引き出してくれます

圧力鍋は普通の鍋に比べて、水の量が少なめですみます。それは食材がもつ水分を利用して、火を通すから。だから、うまみも濃厚です。肉や魚なら、骨や筋までやわらかくして、うまみを抽出します。この効果をさらに実感できるのは、野菜やいも、豆類。例えば、大根を圧力鍋と普通の鍋とで調理し、比べてみましょう。圧力鍋のほうが甘みを強く感じるはずです。

5 タイマーが鳴るまでほったらかしに

圧力鍋はふたをしたあとはほったらかしでいいので、他の調理に時間を割けます。加圧中に野菜を切ってサラダを作ったり、みそ汁を作ったりも可能。そうです！　圧力鍋はこの「ほったらかし」によって、調理時間全体さえも時短にしてくれるのです。さらに、素材を大きく切ってもあっという間に火が通るので、下ごしらえもラクチンです。

6 加熱燃料が大幅削減で省エネ

時短加熱ということは、ガス代や電気代も安くなるということです。圧力鍋は最初こそ強火ですが、圧力がかかったら弱火で加圧します。その時間も普通の鍋で加熱するより½〜⅓と短く、そのぶん省エネになります。圧力鍋は火を止めても100℃近くの温度を保つので、そのまま置いておけば、余熱で火を通すことができ、その点でも経済的です。

圧力鍋の使い方

使う前に

各部分をチェックします。

ゴムパッキンは蒸気もれの原因になるので、劣化がないか、付着物はないか、きちんとはまっているかを点検します。安全弁などは機種それぞれに、安心して使える設計がされているので、それらが正常かどうかも確認します。圧力を調整するオモリやスプリングも異常がないかを確かめてください。

蒸気口が詰まると、鍋中の圧力が上昇しすぎてしまうので、異物が詰まっていないかをチェックします。本書で使用した機種の場合は、付属の掃除棒を使い、ノズルに変形や詰まりがないかを確認します。

1 ふたをする

ふたと本体の合印を合わせてはめ、カチャッという音がするまで取っ手を左に回して重ね合わせます。機種によっては、ふたをのせてボタンを押すことで、ロックがかかるものもあります。

2 圧力をセットする

オモリ式の場合はオモリをのせ、圧力調整装置の圧力（高圧、低圧など）をセットします。ボタンやレバーで圧力を設定できる機種もあります。また、圧力鍋によっては圧力の調整ができないものもあります。なお、本書では、すべて高圧（重いオモリ）を使用しています。

5 火を止める

タイマーが鳴ったら、火を止めます。
その後の圧力の抜き方には3通りあります。

急冷

圧力鍋を落とさないように注意してシンクに持って行き、ふたに流水をかけて急激に圧力を抜く方法です。余熱で火が通るのを防ぎたいときに行います。

蒸らし○分

そのまま置いて、余熱で表示時間蒸らします。その後、オモリを手前に傾けて蒸気を排出させ、圧力を抜きます。機種によっては、蒸気排出ダイヤルやレバーを押す、または上記の急冷方法によって行います。

自然放置

文字どおり、冷めて圧力が抜けるまで置いておく方法です。ゆで豚や黒豆など、余熱でじっくり加熱し続けたいときに適しています。

この本では容量4.5ℓの鋳物屋製ヘイワ圧力鍋「PC-45A」を使っています。
他のメーカーも基本的な使い方はほぼ同じですが、
それぞれの取扱説明書をよく読んでから使ってください。

3 強火にかける

強火といっても、ガス火の場合は炎が鍋底からはみ出さないようにします。IHの場合は、1400〜1500Wが目安です。圧力がかかるまでこの状態を保ちます。

4 圧がかかったら弱火にする

オモリが動いたら圧力がかかった証拠。オモリが小さく動く程度まで弱火にします。スプリング式の場合は、表示ピンが上がったら弱火にします。弱火にしたら、すぐにタイマーをかけて、加圧時間を計ることを忘れずに行います。

6 ふたを開ける

オモリの下から蒸気が出なくなるなど、圧力が抜けたことがわかったら、オモリ式の場合はオモリを取ります。蒸気が上がってやけどをするのを防ぐため、ふたを少しずらしていったん止め、蒸気が出てこないかを確認してからふたを開けます。

圧力の設定について

機種によっては圧力の高低が設定できます。オモリ式の場合は重いオモリが高圧、軽いオモリが低圧です。ダイヤルで設定したり、圧力表示の印によって見極めるタイプもあります。

オモリ式とスプリング式について

圧力鍋には、調理中の圧力を一定に保つために圧力調整装置がついています。オモリ式とスプリング式の2通りがあり、いずれも圧力が上がったら、それ以上に圧力が上がらないように蒸気を逃がします。

オモリ式

ふたの蒸気口にオモリをのせ、圧力がかかるとその蒸気でオモリが動き、音が鳴るしくみです。圧力がかかったタイミングを耳で知ることができるので、ずっと見ていなくてよいというメリットがあります。

スプリング式

蒸気口にバネ（スプリング）を入れ、バネの力で圧力の調節をします。そのため音も静かです。圧力がかかったタイミングは表示ピンによって見定めます。

おいしくつくる"コツ"

圧力鍋は加圧によって高温状態にし、調理するので、普通の鍋とは調理法が少し異なります。まずはポイントを押さえておきましょう。

1 加圧時間は正しく計ること

加圧時間は、オモリが動いたり表示ピンが上がったりしてからの時間です。加圧中は鍋の中をのぞけませんが、調理は急速に進んでいます。加圧しすぎを防ぐため、加圧時間は、時計ではなく、キッチンタイマーを使って正確に計ってください。

2 水分量を守ること

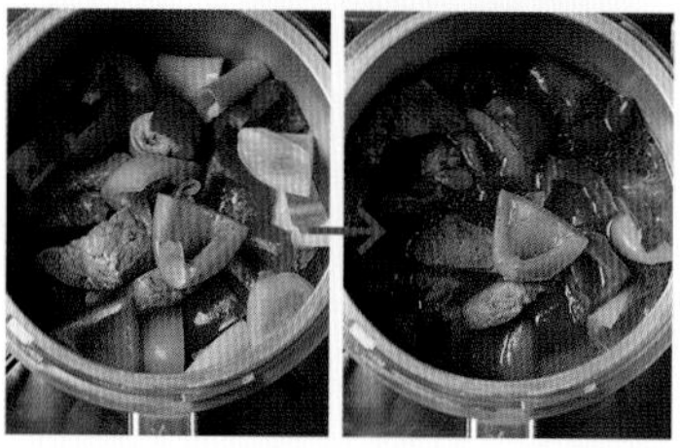

密閉状態で加圧する圧力鍋は水分がほとんど逃げません。食材からも水分が出るため、普通の鍋と同量の水分を加えると、味が薄まってしまいます。季節によって野菜の水分量に変化があるので、レシピどおり作っても水分が多いときは、ふたを取って煮つめます。

3 アクをしっかり取ること

圧力鍋は加圧中にふたを開けることができません。牛肉、ごぼう、豆など、ゆでるとアクが出やすいや食材を調理するときは、加圧前に煮立てて、アクや余分な脂を取り除くようにしましょう。

4 肉は冷たいうちに鍋に入れる

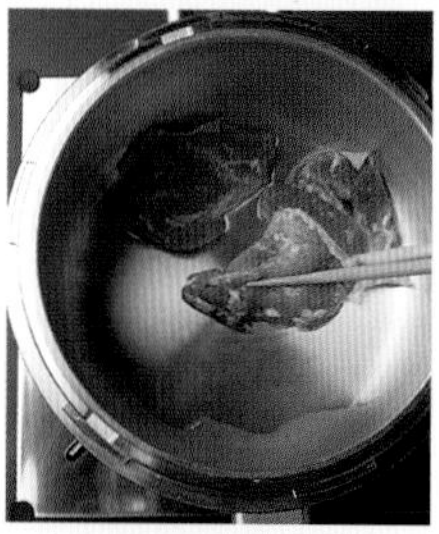

アルミやステンレス製の圧力鍋で肉を焼くと、鍋底に肉がくっついて、焼きつきがちです。焼きつきを避けるためには、冷たい鍋に油と肉を入れて、熱しながら焼きます。

5 仕上げに煮汁を煮つめる

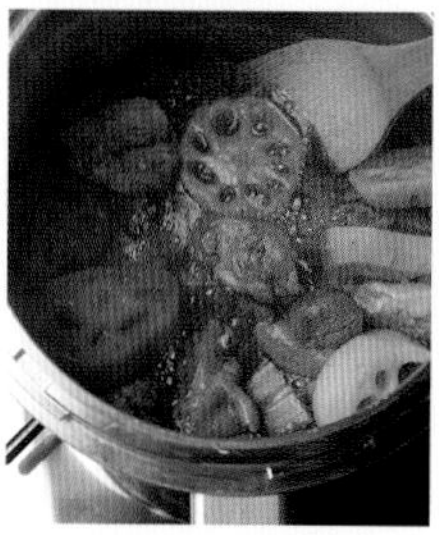

圧力鍋は水分の蒸発がほとんどなく、食材からも水分が出るため、加熱後にふたを取り、ちょうどよい味になるまで煮つめます。こうすると、味のなじみもよくなります。加圧後、材料がまだかたいときは、そのまま火にかけるか再び短時間の加圧をしてください。

6 豆の調理は鍋の1/3以下 蒸し板をのせる

豆は水分を吸収して膨らむので、鍋に入れる量を深さの1/3以下にします。加熱中は豆がはじけて圧力調整装置を詰まらせることもあるため、付属の蒸し板や蒸し器、なければフリーサイズのステンレス製落としぶたを豆の上にのせます。

7 とろみは最後につける

カレーやシチューなど、とろみが必要な料理は、必ず加圧後に小麦粉などでとろみをつけます。とろみは粘性でのり状になるため、圧力調整装置に入り込んで機能させなくする可能性があるからです。

注意すること

1 材料は鍋の2/3以上入れない

量が多いとふきこぼれたり、圧力がかからなかったりする恐れがあります。材料と水は鍋の2/3以下、豆や麺類は1/3以下にします。

2 多量の油や重曹は入れない

油は高温になりすぎるので、多量に入れるのは危険！重曹も発泡する恐れがあります。

3 空だきや揺するのは厳禁

空だきは圧力鍋が壊れる原因になります。揺すったり衝撃を与えるのも危険です。

4 加圧中はキッチンを離れない

異常が起きたときに対処できるように、圧力鍋を火にかけている間は側を離れないように。

5 圧力が抜けてからふたを開ける

圧力がかかっている間はふたが開きません。無理に開けようとするのは厳禁です。

6 使用後は必ず洗う

取扱説明書に従ってお手入れをしてください。

1 章

加圧5分以内
スピードおかず

圧力鍋は玄米やかたまり肉など、特別な調理専用ではありません。
毎日のごはん作りに使ってこそ、その力を発揮する鍋なのです。
早くて、おいしい！ これは忙しい私たちにとって、最高の贈りもの。
忙しいときはあきらめていた、味がしみ込んだ煮ものも、
なんと加圧時間5分以内で作れます！

鶏肉

筑前煮

加圧
1分30秒
>> 急冷

鶏肉、ごぼう、にんじん、
干ししいたけ、多彩な食材を
一緒に煮ても、素材それぞれの
おいしさが残るのは、
圧力鍋の力量だからこそ。

材料（4人分）

鶏もも肉…大1枚（300g）
　⇒3〜4cm大に切る
ごぼう…1本（150g）
　⇒2cm大の乱切りにし、水に5分さらす
にんじん…1本（150g）　⇒3cm大の乱切り
干ししいたけ…4枚
　⇒包丁で切れる程度にもどして、4つ割り
さやいんげん…40g　⇒3cm長さに切る
サラダ油…大さじ1
A｜酒、みりん、しょうゆ…各大さじ2と½
　｜砂糖…大さじ1

作り方

1 圧力鍋にサラダ油、鶏肉を皮目から入れて中火で熱し、両面を焼く。肉の色が変わってきたら、ごぼう、にんじん、しいたけを加えてさっと炒める。

2 **A**を加え、ふたをして強火にする。圧力がかかったら、弱火にして1分30秒加圧する。

3 火を止め、流水をかけて急冷する。圧力が抜けたらふたを取り、さやいんげんを加え、中火で煮汁が少なくなるまで煮る。

POINT

すぐに火が通るさやいんげんは、根菜と一緒に煮ると煮くずれしてしまうので、加圧後に加えます。

チキンクリームシチュー

やわらかくも弾力がある鶏肉に、クリーミーなシチューがなめらかにからみます。とろみは加圧後に加え、やさしい味に仕上げます。

材料（4人分）

鶏もも肉…大2枚（600g）
⇒5cm大に切って、
塩小さじ1/3、こしょう少々をまぶす
小麦粉…大さじ1
じゃがいも…3個（450g） ⇒ひと口大に切る
にんじん…大1本（200g） ⇒ひと口大の乱切り
玉ねぎ…1/2個（100g） ⇒縦1cm幅のくし形切り
ブロッコリー…1/2個（200g） ⇒小房に分ける
サラダ油…大さじ1
水…1カップ
牛乳…2カップ
ブールマニエ ⇒練り混ぜる
｜バター（常温にもどす）、小麦粉…各大さじ2
塩…小さじ1
こしょう…少々

加圧 3分 >> 急冷

作り方

1 圧力鍋にサラダ油、小麦粉をまぶした鶏肉を皮目から入れて弱めの中火で熱し、焦がさずに両面を焼く。じゃがいも、にんじん、玉ねぎを加え、さっと炒める。

2 分量の水を加え、ふたをして強火にする。圧力がかかったら弱火にし、3分加圧する。

3 火を止め、流水をかけて急冷する。圧力が抜けたらふたを取り、牛乳を加えて中火で煮立て、ブロッコリーを加えて1分ほど煮る。ブールマニエを少しずつ加えて混ぜ、塩、こしょうで調味して、1分ほど煮る。

POINT

ブールマニエはバターと小麦粉を同量ずつ練り混ぜたもの。スープにとろみと風味をつけるために使います。

ブールマニエをスープに加えるときは、小さじ1くらいずつ取って入れ、溶かしながら混ぜます。

鶏れんこん

水は加えず、調味料だけで煮ます。
それだけに、うまみが濃厚。れんこんと鶏肉、
ふたつの食感の対比がさらに味わいを深めます。

加圧
2分
≫
急冷

材料（4人分）

鶏もも肉…大2枚（600g）
　⇒5㎝大に切る
れんこん…2～3節（400g）
　⇒1.5㎝厚さの輪切りにし、さっと水に通す
サラダ油…大さじ1
A｜酒、みりん、しょうゆ…各大さじ3
　｜砂糖…大さじ1

作り方

1 圧力鍋にサラダ油と鶏肉を皮目から入れて中火で熱し、両面を焼く。薄く焼き色がついたら、れんこんを加えてさっと炒める。

2 Aで調味し、ふたをして強火にする。圧力がかかったら弱火にし、2分加圧する。

3 火を止め、流水をかけて急冷する。圧力が抜けたらふたを取り、中火で4～5分煮る。

鶏肉の野菜巻き煮

加圧 5分 >> 急冷

鶏肉も野菜もやわらかく、一体感があります。
加圧したら、煮汁を煮つめて、
鶏のまわりにつやが出るまで煮からめます。

材料（4人分）

鶏もも肉…大2枚（600g）
⇒厚い部分を薄く切り開いて
厚みを均一にする
にんじん…⅔本（100g）
⇒長さはそのまま、
5㎜角の棒状に切る
さやいんげん…8〜10本（100g）
塩…少々
サラダ油…大さじ½
A ⇒混ぜ合わせる
酒、みりん、しょうゆ
…各大さじ2と½
砂糖…大さじ1

作り方

1 鶏肉は皮目を下にして置き、にんじんとさやいんげんを等分にのせて、塩をふる。手前からしっかりと巻き、たこ糸をかけて結ぶ。

2 圧力鍋にサラダ油と1を入れて中火で熱し、転がしながら2〜3分焼いて、出てきた脂をふき取る。

3 Aを加え、ふたをして強火にする。圧力がかかったら弱火にし、5分加圧する。

4 火を止め、流水をかけて急冷する。圧力が抜けたらふたを取り、中火で煮汁がとろりとするまで煮つめて、肉にからめる。1本を8等分の輪切りにして器に盛り、好みで煮汁をかける。

POINT

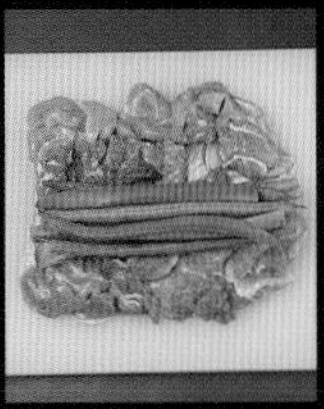

にんじんとさやいんげんは中央よりも少し手前に置くと、巻いたときに真ん中に。

煮汁をこってりと「たれ」状に煮つめ、肉にからめます。

鶏肉のマスタードクリーム煮

**鍋からあふれるほどのキャベツも加圧後は半分に！
鶏のうまみがしみたキャベツに生クリームがからみ、
粒マスタードの酸味が絶妙なアクセントに。**

加圧 2分 ≫ 急冷

材料（4人分）

鶏もも肉…大2枚(600g)
⇒5㎝大に切って、
塩小さじ⅓、こしょう少々をまぶす
小麦粉…大さじ1
キャベツ…½個(600g)
⇒ひと口大に切る
オリーブ油…大さじ1
白ワイン…⅓カップ
A｜生クリーム…½カップ
｜粒マスタード…大さじ2
｜塩…小さじ½
｜こしょう…少々

作り方

1 圧力鍋にオリーブ油、小麦粉をまぶした鶏肉を皮目から入れて弱めの中火で熱し、焦がさずに両面を焼いて、キャベツをのせる。

2 白ワインをふり、ふたをして強火にする。圧力がかかったら弱火にし、2分加圧する。

3 火を止め、流水をかけて急冷する。圧力が抜けたらふたを取り、**A**を加え、中火でひと煮する。

POINT

生クリームは圧力をかけ終わってから加え、沸騰させないように温めます。

鶏肉とにんじんのレモン煮

**口に入れると、レモンの香りがふわっと立ちます。
香りを失うことなく生かせるのも、圧力鍋のよさ。
食べるときにオリーブ油をかけるのもおすすめです。**

加圧 3分 ≫ 急冷

材料（4人分）

鶏もも肉…大2枚(600g)
⇒5㎝大に切る
にんじん…3本(450g)　⇒長めの乱切り
レモン(国産)…½個(50g)
⇒5㎜厚さの輪切り
サラダ油…大さじ1
A｜水、酒…各¼カップ
｜砂糖…小さじ½
｜塩…小さじ1

作り方

1 圧力鍋にサラダ油と鶏肉を皮目から入れて弱めの中火で熱し、肉の色が変わるまで両面を焼く。にんじんを加えてさっと炒める。

2 レモンと**A**を加え、ふたをして強火にする。圧力がかかったら、弱火にして3分加圧する。

3 火を止め、流水をかけて急冷する。圧力が抜けたらふたを取り、中火で3～5分煮る。

POINT

レモンを加えて圧力をかけ、エキスと香りを抽出します。

加圧 3分 >> 急冷

鶏肉のトマト煮

肉の繊維がほろほろになるまで煮えた鶏肉に、トマトがとろっとからみます。隠し味に砂糖を加えると、トマトの酸味がまろやかに。

材料（4人分）

鶏もも肉…大2枚（600g）
⇒5㎝大に切って、
塩小さじ½、こしょう少々をまぶす
小麦粉…大さじ1
にんにく…1かけ　⇒つぶす
玉ねぎ…1と½個（300g）　⇒2㎝幅のくし形切り
ピーマン…4個（160g）　⇒縦半分に切る
オリーブ油…大さじ1
A　トマト缶（カットタイプ）…1缶（400g）
　　塩、砂糖…各小さじ1
　　こしょう…少々

作り方

1 圧力鍋にオリーブ油、にんにく、小麦粉をまぶした鶏肉を皮目から入れて中火で熱し、両面を焼く。肉の色が変わったら、玉ねぎを加えて炒める。

2 Aを加え、ふたをして強火にする。圧力がかかったら、弱火にして3分加圧する。

3 火を止め、流水をかけて急冷する。圧力が抜けたらふたを取り、ピーマンを加えて、中火で5分ほど煮る。

POINT

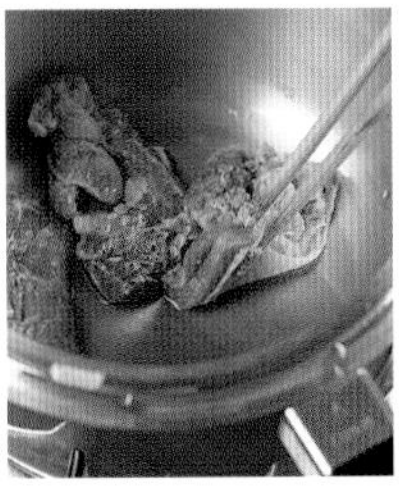

鶏肉に小麦粉を薄くまぶし、皮目を下にして入れ、両面をこんがりと焼く。

すぐに火が通るピーマンは加圧後に加えます。

鶏むね肉のスープ煮

たった4分の加圧で、鶏むね肉がパサつかずにしっとり！
さっぱりしているのに、奥深い味です。
からしじょうゆ、粒マスタードを添えても。

加圧 4分

急冷

材料（4人分）

鶏むね肉…大2枚（600g）
　⇒縦半分に切り、塩小さじ1をまぶす
長ねぎ…1本　⇒4～5㎝長さのぶつ切り
セロリ…1本（150g）
　⇒太い部分は縦半分にし、4㎝長さに切る
しょうが…1かけ　⇒せん切り
A｜酒…大さじ2
　｜水…2カップ
塩、粗びき黒こしょう…各少々

作り方

1 圧力鍋に、鶏肉、長ねぎ、セロリ、しょうが、Aを入れ、ふたをして強火にかける。圧力がかかったら弱火にし、4分加圧する。

2 火を止め、流水をかけて急冷する。圧力が抜けたらふたを取り、塩を加えて、中火でひと煮する。鶏肉は食べやすく切り、器に盛って粗びき黒こしょうをふる。

鶏手羽先としいたけの照り煮

肉から骨がするっと抜けます。
干ししいたけは包丁で切れる程度にもどすだけでOK!
加圧後はこってりツヤツヤになるまで煮つめるのがコツ。

加圧
5分
≫
急冷

材料（4人分）

鶏手羽先…10本(600g)
　⇒先端部分を関節で切り離して除き、
　　裏側に縦の切り込みを入れる
干ししいたけ…8枚
　⇒包丁で切れる程度にもどす
しょうが…1かけ　⇒薄切り
サラダ油…大さじ1
A｜酒、しょうゆ、砂糖、水
　｜　…各大さじ2

作り方

1 圧力鍋にサラダ油と鶏手羽先を入れて中火で熱し、肉の色が変わるまで炒める。しいたけとしょうがを加えて、さっと炒める。

2 Aを加え、ふたをして強火にする。圧力がかかったら、弱火にして5分加圧する。

3 火を止め、流水をかけて急冷する。圧力が抜けたらふたを取り、中火で煮汁が少なくなるまで煮る。

POINT

火が通りやすいように、手羽先の裏側に、骨に沿って切り込みを入れる。

豚肉

加圧 5分 >> 急冷

豚バラ大根

べっこう色はおいしさのサイン。
高まる期待どおり、豚肉はとろっ、
肉汁がしみた大根はジューシー！
ほっぺが落ちそうとは、このことです。

材料（4人分）

豚バラ肉（ブロック）…500g
　⇒5cm角に切り、
　　酒、しょうゆ各大さじ1をもみ込む
大根…⅔本（800g）
　⇒大きめの乱切り
長ねぎ…½本　⇒3cm長さのぶつ切り
しょうが…1かけ　⇒薄切り
サラダ油…大さじ1
A｜酒、しょうゆ、砂糖…各大さじ3

作り方

1 圧力鍋にサラダ油、漬け汁をきった豚肉、長ねぎ、しょうがを入れて中火で熱し、薄く焼き色がつくまで5～6分焼く。

2 大根、豚肉の漬け汁、Aを加え、ふたをして強火にする。圧力がかかったら、弱火にして5分加圧する。

3 火を止め、流水をかけて急冷する。圧力が抜けたらふたを取り、中火で4～5分煮る。

ポークカレー

具、香味野菜、カレー粉を順に炒め、
水とトマト、調味料を加えて加圧2分。
最後にとろみをつけて、極上カレーの完成です！

材料（4人分）

豚肉（こま切れ）… 400g
　⇒塩小さじ½、こしょう少々をまぶす
玉ねぎ… 1と½個（300g）　⇒1cm幅のくし形切り
にんじん…大1本（200g）　⇒大きめの乱切り
じゃがいも… 3個（450g）　⇒大きめのひと口大に切る
にんにく、しょうが…各1かけ（各10g）　⇒すりおろす
サラダ油…大さじ2
カレー粉…大さじ2
A｜水… 1と½カップ
　｜トマト… 1個（150g）　⇒1cm角に切る
　｜塩…大さじ½
　｜トマトケチャップ、しょうゆ、はちみつ…各大さじ1
水溶き小麦粉　⇒混ぜ合わせる
　｜小麦粉、水…各大さじ3

作り方

加圧 2分 ＞＞ 急冷

1 圧力鍋にサラダ油と豚肉を入れて中火で熱し、肉の色が変わるまで炒めたら、玉ねぎ、にんじん、じゃがいもを加えて炒める。にんにくとしょうが、カレー粉の順に、それぞれ香りを立てながら炒める。

2 Aを加え、ふたをして強火にする。圧力がかかったら、弱火にして2分加圧する。

3 火を止め、流水をかけて急冷する。圧力が抜けたらふたを取って、中火で煮立て、水溶き小麦粉を加えて、とろみがつくまで混ぜながら5分煮る。ごはん適量（分量外）を添えて器に盛る。

POINT

カレー粉を加えて炒め、香りをしっかりと立たせてから水分を加えます。このひと手間が大切。

仕上げのとろみづけは水溶き小麦粉で。水溶き片栗粉より、とろみに粘りとコシが出ます。

豚肉の刻み昆布煮

豚肉と相性のよい昆布を加え、甘辛く煮ます。
昆布はもどさずに加えますが、ねっとりと溶けるようです。
普通の鍋で煮たら、こうはなりません。

加圧 5分 >> 急冷

材料（4人分）

豚肩ロース肉（とんかつ用）…3〜4枚（400g）
⇒4等分ずつに切る
刻み昆布（乾燥）… 1袋（30g）
⇒ざっと洗って水けをきる
さやいんげん… 300g
サラダ油…大さじ½
A｜水、しょうゆ…各大さじ2
　｜酒、みりん…各大さじ3
　｜砂糖…大さじ1

作り方

1 圧力鍋にサラダ油、豚肉を入れて中火で熱し、肉の色が変わるまで両面を焼く。

2 刻み昆布、さやいんげん、Aを入れ、ふたをして強火にする。圧力がかかったら、弱火にして5分加圧する。

3 火を止め、流水をかけて急冷する。圧力が抜けたらふたを取り、味がなじむまで中火で2〜3分煮る。

具だくさん豚汁

肉の風味が強くなりすぎるのを抑えるため、
におい消しにしょうがをたっぷり加えてバランスを取ります。
そのさわやかな香りは食欲を促す追い風にも。

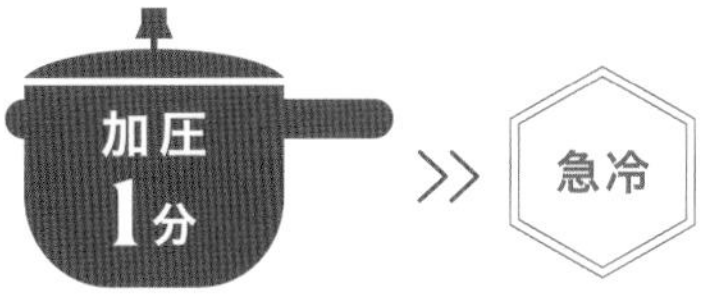

材料（4人分）

豚肉（こま切れ）… 200g
　⇒3〜4cm幅に切る
ごぼう … 大½本（100g）
　⇒縦2等分に切って、2cm長さに切り、
　　水に5分ほどさらす
大根 … 200g　⇒1cm厚さのいちょう切り
にんじん … ⅔本（100g）
　⇒5mm厚さのいちょう切り
しょうが … 1かけ　⇒せん切り
長ねぎ … 1本（100g）　⇒小口切り
ごま油 … 大さじ1
水 … 3カップ
みそ … 大さじ4

作り方

1 圧力鍋にごま油、豚肉を入れて中火で熱し、肉の色が変わるまで炒める。しょうが、ごぼう、大根、にんじんを加え、さらに2〜3分炒める。

2 分量の水を加え、ふたをして強火にする。圧力がかかったら、弱火にして1分加圧する。

3 火を止め、流水をかけて急冷する。圧力が抜けたらふたを取り、長ねぎ加え、中火でひと煮する。アクが出れば取り除き、みそを溶き入れて温める。

POINT

アクは雑味のもと。みそを加える前に取り除きます。

豚肉とごぼうのごま煮

圧力鍋が豚肉のうまみを短時間に引き出し、やわらかいごぼうと弾力があるこんにゃくにしみわたらせます。おかず感が満載の煮ものです。

加圧 5分 >> 急冷

材料（4人分）

豚肉（こま切れ）…300g
ごぼう…2本（300g）
⇒5㎝長さ、2㎝幅の斜め切りにし、水に5分ほどさらす
こんにゃく…1枚（300g）
⇒薄切りにし、水からゆでてざるにあげる
サラダ油…大さじ½
A | 水…¼カップ
 | 酒、みりん、しょうゆ…各大さじ3
 | 砂糖…大さじ1と½
白すりごま…大さじ2

作り方

1 圧力鍋にサラダ油、豚肉を入れて中火で熱し、肉の色が変わるまで炒める。ごぼう、こんにゃくも加え、さっと炒める。

2 Aを加え、ふたをして強火にする。圧力がかかったら、弱火にして5分加圧する。

3 火を止め、流水をかけて急冷する。圧力が抜けたらふたを取り、中火で4~5分煮て、白すりごまを加えて混ぜる。

POINT

肉を炒めたあと、ごぼうとこんにゃくを加えて炒め、コクをつけます。こんにゃくはできるだけ薄く切るほうが、全体の食感がまとまります。

豚肉とひじきの甘辛煮

**ひじきはもどさず、そのまま使えます。
うまみがたっぷりとしみ込み、
ほどよいかたさと歯ざわりが楽しめます。**

加圧 2分 >> 急冷

材料（4人分）

豚肉（こま切れ）… 150g
ひじき（乾燥）… 40g
⇒洗って水けをよくきる
にんじん…大1本（200g）
⇒1㎝厚さの半月切り
さやいんげん… 100g ⇒3㎝長さに切る
サラダ油…大さじ1
A 水… 1カップ
酒、みりん、しょうゆ…各大さじ3
砂糖…大さじ1

作り方

1 圧力鍋にサラダ油と豚肉を入れて中火で熱し、肉の色が変わるまで炒める。にんじん、さやいんげん、ひじきも加え、さっと炒める。

2 Aを加え、ふたをして強火にする。圧力がかかったら、弱火にして2分加圧する。

3 火を止め、流水をかけて急冷する。圧力が抜けたらふたを取り、中火で2〜3分煮る。

POINT

ひじきはもどさなくてよく、そのぶん時短になるのが圧力鍋のメリット。歯ざわりよく仕上げるため、洗ったら水けをよくきります。

豚肉と丸ごとなすのみそ煮

丸ごとなすがとびっきりジューシー！
しかも中までしっかり味がしみています。
白いごはんに合わせたいおかずです。

加圧 1分 >> 急冷

材料（3〜4人分）

豚バラ肉（薄切り）… 200g
⇒食べやすく切る
なす… 6本（480g）
⇒縦4〜6等分の切り込みを入れる
サラダ油…大さじ1
A ⇒混ぜ合わせる
酒、みりん、みそ…各大さじ2
砂糖、しょうゆ…各大さじ½

作り方

1 圧力鍋にサラダ油を熱し、なすを転がしながら中火で2〜3分炒める。豚肉を加え、肉の色が変わるまで炒める。

2 Aを加え、ふたをして強火にする。圧力がかかったら、弱火にして1分加圧する。

3 火を止め、流水をかけて急冷する。圧力が抜けたらふたを取り、4〜5分中火で煮る。

豚肉とさつまいものコチュジャン煮

さつまいものほっくりとした食感と甘みに、
コチュジャンの辛みが切れ味を添えます。
さつまいもは大ぶりに切るのがおすすめ。

加圧 3分 >> 急冷

材料（4人分）

豚肉（こま切れ）… 300g
玉ねぎ… 1個（200g）
⇒2㎝幅のくし形切り
さつまいも… 2本（600g）
⇒大きめの乱切り
A コチュジャン…大さじ1
酒、砂糖、しょうゆ、みそ、
ごま油…各大さじ1と½
長ねぎ（みじん切り）…大さじ1
おろしにんにく、おろししょうが
…各小さじ1
水…¼カップ

作り方

1 ボウルに豚肉とAを入れ、手でよくもみ込む。

2 圧力鍋に玉ねぎとさつまいもを入れ、1を平らにのせる。分量の水を加え、ふたをして強火にかける。圧力がかかったら、弱火にして3分加圧する。

3 火を止め、流水をかけて急冷する。圧力が抜けたらふたを取り、中火でひと煮する。

POINT

コチュジャンだれをからめた肉を最後にのせ、うまみがさつまいもと玉ねぎにしみるようにします。

豚肉とパプリカのオイスターソース煮

豚肉もパプリカも箸でちぎれるほどとろとろ。
オイスターソースはしょうゆで割って、
濃厚ながらもすっきりとした味に。

加圧 1分 >> 急冷

材料（4人分）

豚肩ロース肉（とんかつ用）…3枚（300g）
　⇒3等分ずつに切る
赤・黄パプリカ…各1個（各200g）
　⇒縦4つ割りにして、長さを半分に切る
長ねぎ…1本（100g）　⇒4㎝長さのぶつ切り
しょうが…1かけ　⇒薄切り
サラダ油…大さじ1
A ⇒混ぜ合わせる
　オイスターソース、酒、しょうゆ
　　…各大さじ1と½
　砂糖…小さじ1
　こしょう…少々
水溶き片栗粉　⇒混ぜ合わせる
　片栗粉…小さじ1
　水…小さじ2
ごま油…小さじ1

作り方

1 圧力鍋にサラダ油と豚肉を入れて中火で熱し、肉の色が変わるまで炒める。長ねぎ、しょうが、パプリカを順に加え、さっと炒める。

2 Aを加え、ふたをして強火にする。圧力がかかったら、弱火にして1分加圧する。

3 火を止め、流水をかけて急冷する。圧力が抜けたらふたを取り、中火で5分ほど煮つめる。水溶き片栗粉でとろみをつけ、仕上げにごま油を回しかける。

POINT

調味料はあらかじめ混ぜ合わせておき、肉と野菜に回しかけて調味します。

ポークチャップ煮

**ナイフを入れるとすっと切れる豚肉に、
濃厚なトマトソースが絶妙にからみます。
ごはんやパスタ、マッシュポテトを添えてどうぞ。**

加圧 5分 >> 急冷

材料（4人分）

豚肩ロース肉（とんかつ用）… 4枚（460g）
⇒筋切りを両面にし、塩小さじ⅓と
こしょう少々をまぶす
玉ねぎ… 1個（200g） ⇒縦薄切り
サラダ油…大さじ½
A トマト… 1個（150g） ⇒ざく切り
トマトケチャップ…大さじ2
ウスターソース…大さじ1
塩、こしょう…各少々

作り方

1 圧力鍋にサラダ油と豚肉を入れて中火で熱し、焼き色がつくまで3〜4分焼く。返して同様に焼き、端に寄せて玉ねぎを加え、しんなりするまで2〜3分炒める。

2 Aを加え、ふたをして強火にする。圧力がかかったら、弱火にして5分加圧する。

3 火を止め、流水をかけて急冷する。圧力が抜けたらふたを取り、ソースがとろりとするまで中火で煮つめる。

POINT

赤身と脂の間にある筋を、包丁の刃先で3〜4か所切り（筋切り）、焼いている間に肉が縮むのを防ぎます。

豚スペアリブのマーマレード煮

肉は骨離れよく、マーマレードが甘くさわやか。
しょうゆとにんにくの香ばしさが不思議なほど合います。
ごちそう感があるから、おもてなしにもどうぞ。

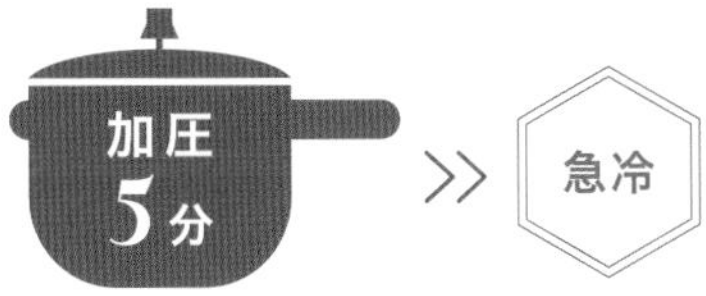

材料（4人分）

豚肉（スペアリブ）…800g
サラダ油…大さじ1
A
トマトケチャップ…大さじ3
しょうゆ…大さじ1
おろしにんにく…小さじ2
マーマレード…大さじ4
白ワイン…¼カップ
塩…小さじ½

作り方

1 圧力鍋にサラダ油と豚肉を入れて中火で熱し、表面にこんがりと焼き色がつくまで焼く（フライパンで焼きつけて圧力鍋に移してもよい）。

2 Aを加え、ふたをして強火にかける。圧力がかかったら、弱火にして5分加圧する。

3 火を止め、流水をかけて急冷する。圧力が抜けたらふたを取り、煮汁がとろりとするまで中火で煮つめる。

ポトフ

材料は、ベーコンと野菜、水、塩とこしょう。
実にシンプルですが、食材のうまみが引き出され、
滋味深いスープに。圧力鍋のなせるワザです。

加圧 3分

急冷

材料（4人分）

ベーコン（ブロック）…400g
⇒8等分に切る
キャベツ…½個(500g)
⇒芯をつけたまま4等分に切る
玉ねぎ…1個(200g)
⇒芯をつけたまま縦4等分に切る
にんじん…小2本(250g)
⇒長さを斜め2等分に切る
じゃがいも…2個(300g)
⇒半分に切る
A｜水…3カップ
　｜塩…小さじ1と½
　｜こしょう…少々
（好みで）粒マスタード…適量

作り方

1 圧力鍋に、キャベツ、玉ねぎ、にんじん、じゃがいも、ベーコンを順に入れ、Aを加えてふたをする。強火にかけ、圧力がかかったら、弱火にして3分加圧する。

2 火を止め、流水をかけて急冷する。圧力が抜けたらふたを取り、中火でひと煮する。器に盛り、好みで粒マスタードを添える。

POINT

野菜やじゃがいもを下に、ベーコンを上にのせて、ベーコンのうまみを全体に行きわたらせます。

ミネストローネ

野菜からいろいろな味が抽出され、
圧力鍋の中で見事に調和。パスタを入れると、
とろみがつき、うまみも受け止めてくれます。

加圧 2分

急冷

材料（4人分）

玉ねぎ…½個（100g）　⇒1.5㎝角に切る
にんじん…⅔本（100g）　⇒1.5㎝角に切る
さやいんげん…100g
　⇒1.5㎝長さに切る
ベーコン…4枚（60g）　⇒1.5㎝四方に切る
オリーブ油…大さじ1
A｜トマト…2個（300g）　⇒1.5㎝角に切る
　｜水…2カップ
　｜スープ用パスタ（好みのタイプ）…30g
　｜塩…小さじ1
　｜こしょう…少々
パルメザンチーズ…適量

作り方

1 圧力鍋にオリーブ油を中火で熱し、玉ねぎ、にんじんを炒める。ベーコンを加えて2〜3分炒め、さやいんげんも加えて炒める。

2 Aを加え、ふたをして強火にかける。圧力がかかったら、弱火にして2分加圧する。

3 火を止め、流水をかけて急冷する。圧力が抜けたらふたを取り、中火でひと煮する。器に盛って、パルメザンチーズをかける。

牛肉と里いものしょうゆ煮

加圧 3分 >> 急冷

肉のおいしさもさることながら、
主役は里いもです。
じゃがいもより軽く、
ねっとりとした食感が
肉じゃがに慣れた舌に新鮮です。

材料（4人分）

牛肉（切り落とし）… 200g
⇒食べやすく切る
里いも … 6〜10個（500g）
しょうが … 1かけ　⇒薄切り
長ねぎ … 1本（100g）
⇒3〜4㎝長さのぶつ切り
サラダ油 … 大さじ1
A ⇒混ぜ合わせる
水 … 1/4カップ
酒、しょうゆ、砂糖 … 各大さじ2

作り方

1 圧力鍋にサラダ油、牛肉、しょうがを入れて中火で熱し、肉の色が変わるまで炒める。

2 里いもと長ねぎ、Aを加え、ふたをして強火にする。圧力がかかったら、弱火にして3分加圧する。

3 火を止め、流水をかけて急冷する。圧力が抜けたらふたを取り、中火で煮汁が少なくなるまで煮つめる。

POINT

牛肉としょうがを炒めたら、里いもと長ねぎ、水と調味料を加えて圧力をかけます。水と調味料は先に混ぜ合わせ、砂糖を溶かしておきましょう。

肉じゃが

加圧 3分 >> 急冷

じゃがいも、にんじんの力強さが
ダイレクトに伝わってきます。
調味料をまとった表面のおいしさと
内部の素材本来がもつ風味、
圧力鍋ならふたつの味が楽しめます。

材料（4人分）

牛肉（切り落とし）…200g
　⇒食べやすく切る
じゃがいも…大3個（540g）
　⇒2等分に切る
にんじん…2本（300g）
　⇒大きめの乱切り
玉ねぎ…2個（400g）
　⇒6等分のくし形切り
サラダ油…大さじ1
A
　⇒混ぜ合わせる
　酒、みりん、しょうゆ…各大さじ3
　砂糖…大さじ1

作り方

1. 圧力鍋にサラダ油、じゃがいも、にんじん、玉ねぎを入れて中火でさっと炒め、牛肉を加えて、肉の色が変わるまで炒める。
2. Aを加え、ふたをして強火にする。圧力がかかったら、弱火にして3分加圧する。
3. 火を止め、流水をかけて急冷する。圧力が抜けたらふたを取り、中火でひと煮して味をなじませる。

POINT

加圧中は混ぜることができません。煮汁は先に混ぜ合わせておくほうが、味が均一につきます。

ピーマンの肉詰め

加圧 1分 >> 蒸らし 10分

ピーマンの存在感が少しやわらぎ、
肉だねとしっとりと一体化。
ヘタを大きく切り落とすと、
肉だねがピーマンから出てしまいます。
ヘタはできるだけ小さくくりぬいて！

材料（4人分）

肉だね　⇒混ぜ合わせる
- 合いびき肉…300g
- 玉ねぎ…½個（100g）　⇒みじん切り
- パン粉、牛乳…各¾カップ
- 塩…小さじ½
- こしょう…少々

ピーマン…小12個（300g）
⇒ヘタのまわりに包丁の先をぐるりと入れてくりぬき、種を取る
小麦粉…適量
塩…小さじ½
こしょう…少々
水…¼カップ

作り方

1 ピーマンの内側に小麦粉を薄くふり、肉だねをきっちりと詰める。

2 圧力鍋に1を並べ入れ、塩、こしょうをふる。分量の水を加え、ふたをして強火にかける。圧力がかかったら、弱火にして1分加圧する。

3 火を止め、10分蒸らして圧力を抜く。

POINT

ピーマンの内側に小麦粉をふるときは、ヘタがあった部分からスプーンで小麦粉を入れ、全体に回して、余分な小麦粉をもうひとつのピーマンに移します。

ピーマンはできるだけきっちりと並べ入れます。こうすると、加圧中に中身がピーマンの外に飛び出しにくくなります。

マーボー大根

加圧 4分 >> 急冷

ゴロゴロの大根も
あっという間にやわらかに。
とろりとしてみずみずしく、
うまみを目いっぱい吸ってくれます。

材料（4人分）

豚ひき肉…200g
大根…⅔本（800g）　⇒3cm角に切る
にんにく（みじん切り）、
　しょうが（みじん切り）…各小さじ1
サラダ油…大さじ1
豆板醤…小さじ1
A｜酒、しょうゆ、水…各大さじ2
　｜塩…小さじ½
　｜こしょう…少々
長ねぎ（みじん切り）…大さじ2
水溶き片栗粉
　｜片栗粉…大さじ1と½
　｜水…大さじ3
ごま油…小さじ1

作り方

1 圧力鍋にサラダ油、にんにく、しょうがを入れて熱し、中火で炒める。香りが出たらひき肉を加えて、肉の色が変わるまで中火で炒め、大根を加えて炒める。豆板醤を加えて炒め、香りを立てる。

2 Aを加え、ふたをして強火にする。圧力がかかったら、弱火にして4分加圧する。

3 火を止め、流水をかけて急冷する。圧力が抜けたらふたを取り、長ねぎを加え、中火で2〜3分煮る。全体がなじんだら、水溶き片栗粉でとろみをつけ、最後にごま油をふる。

POINT

豆板醤は煮汁に加えず、ひき肉と大根を炒めたところに加えて炒め、香りを立てます。

水溶き片栗粉でとろみをつけるのは、仕上げのとき。続けてごま油をたらし、香りをつけます。

魚介

ぶり大根

加圧 5分 >> 蒸らし 10分

**ぶりは背側よりも脂のりがよい
腹側を使ってふっくらと。
大根にいたっては芯からやわらか。
このあんばいが圧力鍋は得意です。**

材料（4人分）

ぶり（腹側）… 4～5切れ（500g）
　⇒水けをふき取り、半分に切る
大根…⅔本（800g）
　⇒3㎝厚さの輪切りにし、
　　皮を厚めにむいて半分に切る
しょうが… 1かけ　⇒薄切り
A ｜水…½カップ
　｜酒、みりん、しょうゆ…各大さじ3
　｜砂糖…大さじ1と½

作り方

1 圧力鍋に大根を並べ、ぶりをのせて、しょうがを散らす。**A**を加え、ふたをして強火にかける。圧力がかかったら、弱火にして5分加圧する。

2 火を止め、10分蒸らして圧力を抜く。ふたを取り、煮汁をかけながら、中火で味がなじむまで煮る。

POINT

圧力をかけてぶりと大根に火が通ったら、煮汁をかけながら煮つめて、味をしみ込ませます。

さけとごぼうのみそ煮

さけの身はしっとり、
ごぼうはすっと箸が入るほどやわらかに。
どちらも甘辛いみその味がじんわりしみています。

加圧 2分 >> 急冷

材料（4人分）

生ざけ…4切れ(400g)
　⇒水けをふき取る
ごぼう…1と½本(300g)
　⇒4〜5cm長さに切って縦半分に切り、5分ほど水にさらす
A ⇒混ぜ合わせる
　酒、みりん、みそ…各大さじ3
　しょうゆ、砂糖…各大さじ1

作り方

1 圧力鍋にごぼうを並べ入れ、さけをのせて、**A**を加える。ふたをして強火にかけ、圧力がかかったら2分加圧する。

2 火を止め、流水をかけて急冷する。圧力が抜けたらふたを取り、中火で2〜3分煮る。

POINT

さけは身を下にして、ごぼうの上にのせ、うまみをごぼうに移します。

かつおのしょうゆ煮

かつおのうまみが楽しめる料理です。
ごはんに合うので、作りおきをして、
常備菜やおべんとうにご利用を。

加圧 2分 >> 急冷

材料（4人分）

かつお(刺身用)
　…1さく(500g)　⇒3cm長さに切る
しょうが…3かけ(30g)　⇒薄切り
A 酒、みりん、しょうゆ、水
　　…各大さじ2
　砂糖…大さじ1と½

作り方

1 圧力鍋にしょうがを敷き、かつおを重ならないように並べ入れる。**A**を加え、ふたをして、強火にかける。圧力がかかったら、弱火にして2分加圧する。

2 火を止め、流水をかけて急冷する。圧力が抜けたらふたを取り、煮汁をかけながら中火で1〜2分煮る。

たらとあさりの ポルトガル風煮込み

圧力鍋に材料すべてを入れて加圧するだけで、
絶品のごちそうです。
味出しのトマトがきいています。

加圧 2分 ≫ 急冷

材料（4人分）

生だら…4切れ（400g）
⇒長さを半分に切り、塩小さじ½をふって、出てきた水けをふき取る
あさり（殻つき）…300g
⇒砂抜きをし、殻をこすり合わせて洗う
じゃがいも…2個（300g）⇒4つ割りにする
玉ねぎ…1個（200g）⇒縦6等分に切ってほぐす
トマト…大1個（250g）⇒縦6等分に切る
にんにく…1かけ ⇒つぶす
A｜白ワイン…¼カップ
　｜塩…小さじ¾
　｜こしょう…少々
（好みで）パセリ、オリーブ油…各適量

作り方

1 圧力鍋にじゃがいもと玉ねぎを入れ、たら、あさり、トマト、にんにくをのせて、Aを加える。ふたをして強火にかけ、圧力がかかったら、弱火にして2分加圧する。

2 火を止め、流水をかけて急冷する。圧力が抜けたらふたを取り、味がなじむまで中火で2〜3分煮る。器に盛り、好みで、みじん切りにしたパセリとオリーブ油をふる。

POINT

じゃがいもと玉ねぎに魚介とトマトのうまみがしみ込むように重ね入れ、加圧します。

いかと里いもの煮もの

いかが口の中でほぐれていきます。
一方の里いもはとろっとろ。
圧力鍋で作ってよかった！と思うひと皿です。

加圧 5分 ＞＞ 急冷

材料（4人分）

するめいか…2はい（600g）
⇒さばいて、胴は2〜3㎝幅の輪切りにし、
足は吸盤をそぎ取って2〜3本ずつに切り離す
里いも…6個（500g）⇒半分に切る

A
- 酒、みりん…各大さじ3
- しょうゆ…大さじ2
- 砂糖…大さじ½
- 塩…小さじ½

作り方

1. 圧力鍋に里いもとAを入れ、中火にかける。煮立ったらいかを加え、ふたをして強火にする。圧力がかかったら、弱火にして5分加圧する。

2. 火を止め、流水をかけて急冷する。圧力が抜けたらふたを取り、中火でひと煮する。

POINT

里いもと調味料を一度煮立ててから、いかを加えます。こうすると、いかのうまみが逃げません。

ポタージュ3種

ブロッコリーのポタージュ

ブロッコリーの元気をそのままいただきます。
野菜の濃さが季節によって違うときは、牛乳で調節を。

材料（4人分）

ブロッコリー
…1個（正味300g）
⇒小房に分け、茎は厚く皮をむいて1cm厚さに切る
玉ねぎ…¼個（50g）
⇒横薄切り
水…¼カップ
牛乳…1カップ
塩…小さじ1
こしょう…少々

作り方

1 圧力鍋に、ブロッコリー、玉ねぎ、分量の水を入れ、ふたをして強火にかける。圧力がかかったら、弱火にして3分加圧する。

2 火を止め、流水をかけて急冷する。圧力が抜けたらふたを取り、マッシャーなどでつぶし、牛乳を加える。中火にかけてひと煮し、塩、こしょうで調味する。

かぼちゃとにんじんのポタージュ

にんじんをかぼちゃに加えて、色も栄養もプラス！
スープというよりも、野菜を食べている感じです。

材料（4人分）

かぼちゃ…⅛個（正味250g）
⇒皮をむき、2〜3cm大に切る
にんじん…1本（150g）
⇒薄切り
水…¼カップ
牛乳…1カップ
塩…小さじ¾
こしょう…少々

作り方

1 圧力鍋に、かぼちゃ、にんじん、分量の水を入れ、ふたをして強火にかける。圧力がかかったら、弱火にして3分加圧する。

2 火を止め、流水をかけて急冷する。圧力が抜けたらふたを取り、マッシャーなどでつぶし、中火でピューレ状になるまで煮つめる。牛乳を加え、ひと煮し、塩、こしょうで調味する。

カリフラワーとかぶのポタージュ

さらっとして、やさしい味わい。
ビタミンCが豊富に含まれています。

材料（4人分）

カリフラワー…½個
（正味200g）
⇒小房に分け、茎は皮をむいて1〜2cm厚さに切る
かぶ…2個（正味200g）
⇒縦半分にし、5mm厚さに切る
水…¼カップ
牛乳…1カップ
塩…小さじ1
こしょう…少々

作り方

1 圧力鍋に、カリフラワー、かぶ、分量の水を入れ、ふたをして強火にかける。圧力がかかったら、弱火にして3分加圧する。

2 火を止め、流水をかけて急冷する。圧力が抜けたらふたを取り、マッシャーなどでつぶし、中火でピューレ状になるまで煮つめる。牛乳を加え、ひと煮し、塩、こしょうで調味する。

2章 平日楽する作りおき

大根1本、キャベツ1個、大豆1袋、かたまり肉も、
圧力鍋で一気に調理。こうして作りおきをしておくと、
さまざまな料理にアレンジすることができて、とても便利です。
しかも、素材のおいしさをとことん引き出してくれるので、
ワンランク上の仕上がりになります。

蒸しじゃがいも

皮つきのまま丸ごと蒸すから、じゃがいもは
ホクホク、うまみも逃げません。マッシュはもちろん、
アツアツにバターをのせたら最高！
冷めたら炒めたり、フライにどうぞ。

材料（作りやすい分量）

じゃがいも…6個（1kg）
水…2カップ

作り方

1 圧力鍋に分量の水を入れ、蒸し板を置いて、じゃがいもを皮つきのまま並べ入れる。ふたをして強火にかけ、圧力がかかったら、弱火にして7分加圧する。

2 火を止めて15分蒸らして、圧力を抜く。

POINT

左の写真のように、蒸し板を入れてじゃがいもをのせ、蒸し器状態にします。蒸し板がついていない機種の場合は、ステンレス製ざる、簡易蒸し器で代用を。

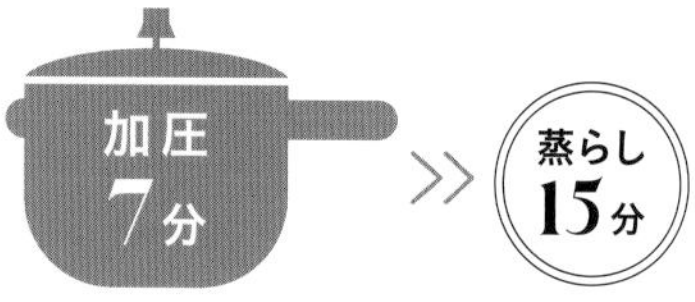

保存の方法	皮をむき、1個ずつラップに包んで密閉保存袋に入れる。
冷蔵	2〜3日

蒸しじゃがいもアレンジ1

じゃがバター

バターをのせて、粗塩と黒こしょうでアクセント。
おいしさを皮の中に包み込みます。

材料（2人分）

蒸しじゃがいも…2個（1/3量）
⇒電子レンジで温める
バター…大さじ1
粗塩、粗びき黒こしょう…各少々

作り方

1 蒸しじゃがいもに包丁で十文字の切り込みを入れる。バターをのせ、粗塩、粗びき黒こしょうをふる。

蒸しじゃがいもアレンジ2

ポテトサラダ

じゃがいも本来の風味を残すがゆえの
骨太の味わい。

材料（2人分）

蒸しじゃがいも…2個（⅓量）
　⇒電子レンジで温め、皮をむいて、
　　フォークでつぶし、粗熱を取る
きゅうり…1本
　⇒小口切りにし、塩少々をふって5分ほどおき、
　　水けをしぼる
玉ねぎ…¼個（50g）
　⇒縦薄切りにし、冷水でもみ洗いをして、
　　水けをよくしぼる
ハム…2枚（30g）　⇒1.5㎝角に切る
A　マヨネーズ…大さじ5
　　レモン汁…小さじ1
　　塩、こしょう…各少々

作り方

1　ボウルに、じゃがいも、きゅうり、玉ねぎ、ハム、Aを入れてあえる。

蒸しじゃがいもアレンジ3

じゃがいもの リヨン風ソテー

じゃがいもの周囲のくずれた部分がパリッと焼けて
香ばしく、ビールのつまみに最高！

材料（2人分）

蒸しじゃがいも…2個（⅓量）
　⇒皮をむき、1.5㎝厚さのいちょう切り
ベーコン…4枚　⇒8等分に切る
玉ねぎ…½個（100g）　⇒縦薄切り
オリーブ油…大さじ1
塩…小さじ⅓
こしょう…少々
パセリ（みじん切り）…適量

作り方

1　フライパンにオリーブ油を入れてじゃがいもを並べ、触らずに5分ほど中火で焼く。焼き色がついたら返して端に寄せ、あいた所でベーコンをさっと炒め、玉ねぎを加えてしんなりするまで炒める。

2　じゃがいもがカリッとしたら全体を混ぜ、塩、こしょうをふって、パセリをふり入れる。

ゆで大根

普通にゆでると30〜40分かかりますが、
圧力鍋なら隠し包丁もしないで¼の加熱時間です。
大根の甘さと口あたりのよさが際立ちます。

材料（作りやすい分量）

大根…1本（1kg） ⇒4㎝厚さの輪切りにし、皮を厚めにむく
昆布…5㎝角2枚
A｜酒…¼カップ
　｜水…1カップ

POINT

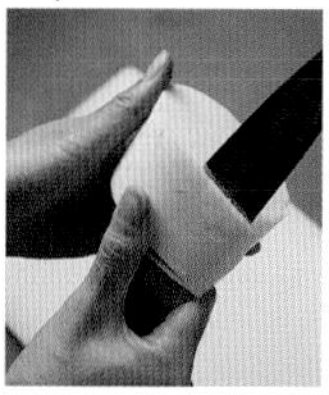

皮に近い部分は筋っぽいので、2〜3㎜厚さに皮をむきます。

作り方

1 圧力鍋に昆布を敷き、大根とAを入れる。ふたをして強火にかけ、圧力がかかったら、弱火にして8分加圧する。

2 火を止めて15分蒸らして、圧力を抜く。

加圧 8分 » 蒸らし 15分

保存の方法　ゆで汁ごと密閉容器に入れる。
冷蔵　2〜3日

ゆで大根アレンジ1

ゆで大根の田楽みそ

昆布だしがじんわりしみてとろけるような大根。
そのやさしさを甘いみそがさらにアピール。

材料（2人分）

ゆで大根（汁けをきったもの）…2個
⇒電子レンジで温める
田楽みそ
｜みそ、みりん、砂糖…各大さじ2

作り方

1 小鍋に田楽みその材料を入れて弱火にかけ、へらで混ぜながらとろみがつくまで煮る。

2 ゆで大根を器に盛り、1をかける。

ゆで大根アレンジ2

ゆで大根のほたてあんかけ

ほたてあんが大根のなめらかさを引き立てます。
ほたて水煮缶なら、だしいらずで作れます。

材料（2人分）

ゆで大根（汁けをきったもの）…2個
　⇒電子レンジで温める
ほたて水煮缶…1缶（70g）
水…½カップ
A｜酒、しょうゆ…各小さじ1
　｜塩…少々
水溶き片栗粉　⇒混ぜ合わせる
　｜片栗粉…大さじ½
　｜水…大さじ1
万能ねぎ（小口切り）…少々

作り方

1. 鍋に分量の水を煮立て、Aで調味して、ほたて水煮缶を汁ごと加える。中火でひと煮立ちさせ、水溶き片栗粉でとろみをつける。
2. ゆで大根を器に盛り、1をかけて、万能ねぎを散らす。

ゆで大根アレンジ3

揚げ大根

ゆで大根に片栗粉を多めにまぶし、揚げ焼きに。
粗塩で食べると、大根の甘さが引き立ちます。

材料（2人分）

ゆで大根（汁けをきったもの）…2個
　⇒厚みを半分にして、半月切り
片栗粉…適量
サラダ油…適量
粗塩…少々

作り方

1. ゆで大根は水けをふき、片栗粉をしっかりまぶす。
2. フライパンにサラダ油を1cm深さまで入れて170℃に熱し、1を3〜4分揚げ焼きにする。器に盛り、粗塩をふる。

加圧
1分
>> 急冷

保存の方法　密閉保存袋に入れる。
冷蔵　2〜3日
冷凍　2週間

蒸しキャベツ

キャベツまるまる1個を圧力鍋で蒸します。
あえものやサラダ、炒めもの、サンドイッチの具、
スープの実にも使えて、
あると便利な下ごしらえおかずです。

材料（作りやすい分量）

キャベツ…小1個（800g）
　⇒芯をつけたまま6〜8つ割りにする
水…1カップ

作り方

1 圧力鍋に分量の水を入れ、蒸し板を置いてキャベツを並べ入れる。ふたをして強火にかけ、圧力がかかったら、弱火にして1分加圧する。

2 火を止め、流水をかけて急冷する。圧力が抜けたらふたを取り、粗熱を取る。

POINT
左の写真のように、キャベツは大きく切り、蒸し板にのせて蒸します。バラバラにならないように芯は、つけたままに。

蒸しキャベツアレンジ1

蒸しキャベツのからしドレッシングサラダ

和洋中のみならず、エスニック献立にも合う
オールマイティーなサラダです。

材料（2人分）

蒸しキャベツ…約250g（⅓量）
　⇒ひと口大に切り、水けを軽くしぼる
にんじん…⅓本（50g）
　⇒せん切りにし、塩少々をふる
からしドレッシング　⇒混ぜ合わせる
　練りがらし、砂糖…各小さじ1
　塩…小さじ½
　こしょう…少々
　酢、サラダ油…各大さじ1

作り方

1 ボウルに、蒸しキャベツ、水けをしぼったにんじん、からしドレッシングを入れてあえる。

蒸しキャベツアレンジ2

蒸しキャベツのおかかあえ

手近な材料で作れて、毎日食べても飽きない。
地味ながら、あるとホッとするおかずです。

材料（2人分）

蒸しキャベツ…約250g（⅓量）
⇒ひと口大に切り、水けをしぼる
しょうゆ、水…各大さじ1
削り節…1袋（3g）

作り方

1 ボウルに材料すべてを入れてあえる。

蒸しキャベツアレンジ3

蒸しキャベツとちくわのマヨネーズあえ

キャベツとちくわは絶妙な組み合わせ。
隠し味にしょうゆを加えるのが決め手。

材料（2人分）

蒸しキャベツ…約250g（⅓量）
⇒ひと口大に切り、水けをしぼる
ちくわ…1本（40g） ⇒斜め薄切り
マヨネーズ…大さじ2
しょうゆ…小さじ½

作り方

1 ボウルに材料すべてを入れてあえる。

加圧
10分
>>
自然放置

保存の方法　密閉保存袋に入れる。
冷蔵　3〜4日
冷凍　1か月

蒸し大豆

ゆでるよりもふっくら、ねっとり甘い。
大豆は体によい栄養成分を多く含んでいるから、
健康のためにも、常備菜にして
毎日食べたい素材です。

材料（作りやすい分量）

大豆（乾燥）… 1袋（300g）
　⇒たっぷりの水にひと晩つける
水… 2カップ

作り方

1 圧力鍋に分量の水を入れ、蒸し板を置く。大豆をステンレス製のざるにあげて水けをきったら、ざるごと蒸し板の上にのせ、ふたをして強火にかける。圧力がかかったら、弱火にして10分加圧する。

2 火を止めて自然放置する。

POINT

加圧前に、大豆は水につけてふやかしておきます。

圧力鍋に水を入れて蒸し板を置き、ざるや簡易蒸し器に大豆を入れて蒸します。

蒸し大豆アレンジ1

大豆とじゃこのごま油あえ

じゃこのねぎ炒めとあえたら、
あとを引く一品になりました。

材料（2人分）

蒸し大豆… 180g（1/3量）
長ねぎ… 1/2本（50g）　⇒みじん切り
ちりめんじゃこ… 20g
ごま油…大さじ2
塩…小さじ1/3

作り方

1 小さいフライパンにごま油を中火で熱し、長ねぎ、ちりめんじゃこをしんなりするまで炒めて、塩で調味する。

2 ボウルに蒸し大豆を入れ、1を加えて混ぜ合わせる。

蒸し大豆アレンジ2

大豆のだし酢びたし

箸が止まらないとは、まさにこういうことです。
大豆のコクがまろやかなだし酢と好相性。

材料（2人分）

蒸し大豆…180g（⅓量）
A | だし汁…½カップ
酒、みりん、酢…各大さじ2
しょうゆ、砂糖…各大さじ1
塩…小さじ½

作り方

1 小鍋にAを入れてさっと煮立てる。

2 ボウルに蒸し大豆を入れ、1を加えてひたし、味をなじませる。

蒸し大豆アレンジ3

加圧 3分 >> 急冷

五目豆

再び圧力鍋を使って煮て、ラクラク完成。
蒸し大豆で作ると、いつもとはひと味違います。

材料（2人分）

蒸し大豆…180g（⅓量）
ごぼう…½本（75g）
⇒1㎝角に切り、水に5分ほどさらす
にんじん…½本（75g）　⇒1㎝角に切る
こんにゃく…小½枚（75g）
⇒1㎝角に切り、水からゆでてざるにあげる
昆布…5㎝角1枚　⇒5㎜角に切る
酒、みりん、しょうゆ、砂糖
…各大さじ1と½

作り方

1 圧力鍋に材料すべてを入れ、ふたをして強火にかける。圧力がかかったら、弱火にして3分加圧する。

2 火を止め、流水をかけて急冷する。圧力が抜けたらふたを取り、中火で1〜2分煮て味を含ませる。

加圧
3分
>> 急冷

保存の方法　ゆで汁ごと密閉保存袋か容器に入れる。
冷蔵　3〜4日
冷凍　1か月

ゆで白いんげん豆

コトコトと時間をかけて煮ていた豆がわずか3分！
これならに気楽に豆を煮ようという気になるもの。
サラダや洋風豆料理はもちろん、
シロップ漬けにしてデザートにアレンジしても。

材料（作りやすい分量）

白いんげん豆（乾燥）… 1袋（200g）
⇒水2と⅔カップ（2倍量）の水にひと晩つける
塩…小さじ1

作り方

1 圧力鍋に白いんげん豆をつけていた水ごと入れ、塩を加えて強火にかける。圧力がかかったら、弱火にして3分加圧する。

2 火を止め、流水をかけて急冷。

POINT

乾燥豆と水は1：2の比率で前日からもどしておきます。

数日中に使うなら、ゆで汁ごと密閉保存容器などに移して冷蔵に。

ゆで白いんげん豆アレンジ1

白いんげん豆のサラダ

玉ねぎとセロリの香味、シンプルなドレッシングが
豆の持ち味をストレートに生かします。

材料（2〜3人分）

ゆで白いんげん豆（汁けをきったもの）… 250g（½量）
ウインナーソーセージ… 3本
⇒1cm幅に切り、電子レンジで20秒加熱する
玉ねぎ…¼個（50g）　⇒薄切りにし、水にさらす
セロリ…⅓本（50g）　⇒薄切りにし、水にさらす
パセリ（みじん切り）…小さじ1
フレンチドレッシング　⇒混ぜ合わせる
- 酢…大さじ1
- 塩…小さじ⅓
- こしょう…少々
- オリーブ油…大さじ2

作り方

1 ボウルにすべての材料を入れてあえる。

ゆで白いんげん豆アレンジ2

白いんげん豆のトマト煮

加圧 3分 >> 急冷

白いんげん豆をピリ辛ミートソースで煮ます。
ボリュームいっぱいで、高タンパク質です。

材料（2人分）

ゆで白いんげん豆（汁けをきったもの）
…250g（½量）
合いびき肉…200g
玉ねぎ…1個（200g）　⇒みじん切り
にんにく…1かけ　⇒みじん切り
赤唐辛子…1本　⇒種を取る
サラダ油…大さじ1
A｜トマト缶（カットタイプ）…1缶（400g）
｜塩、砂糖…各小さじ1
｜こしょう…少々

作り方

1 圧力鍋に、サラダ油、にんにく、赤唐辛子を入れて中火で熱する。香りが立ったら、玉ねぎを加えてしんなりするまで炒め、ひき肉を加えて、肉をほぐしながら色が変わるまで炒める。

2 ゆで白いんげん豆とAを加え、ふたをして強火にかける。圧力がかかったら弱火にして3分加圧する。

3 火を止め、流水をかけて急冷。圧力が抜けたらふたを取り、中火でひと煮する。

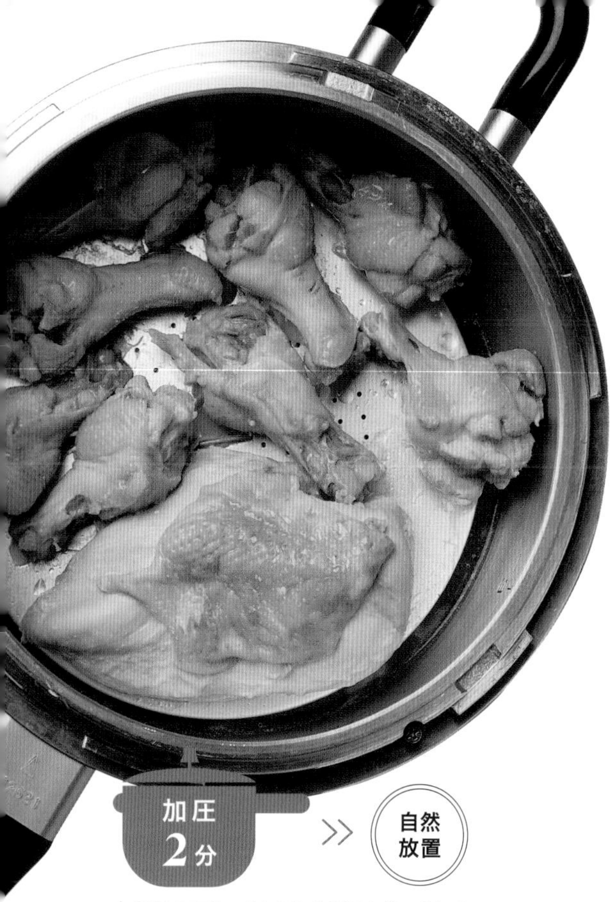

蒸し鶏

圧力鍋なら、やわらかいむね肉と骨つきの手羽元を
同時に蒸すことができます。むね肉と手羽元を
別々に味わうのもよし、ともに楽しんでもよし。
おいしさが広がる作りおきです。

加圧 2分 >> 自然放置

保存の方法	それぞれ密閉保存袋に入れる。
冷蔵	3〜4日
冷凍	2週間

材料（作りやすい分量）

鶏むね肉…大1枚（300g）
鶏手羽元…8本（450g）　⇒むね肉と手羽元、
　ともに常温にもどし、全体に塩小さじ1をまぶす
水…1と½カップ

作り方

1 圧力鍋に分量の水を入れ、蒸し板を置く。鶏肉の水けをふき取って、重ならないように並べ入れ、ふたをして強火にかける。圧力がかかったら、弱火にして2分加圧する。

2 火を止め、自然放置する。

POINT

まんべんなく蒸し上がるように、鶏肉は蒸し板の上に重ならないようにのせます。

蒸し鶏アレンジ1

よだれ鶏

しっとりとした鶏むね肉を、さわやかな辛さの香味だれで。
このたれは、ゆで豚、焼きなす、湯豆腐にも合います。

材料（4人分）

蒸し鶏（鶏むね肉）…1枚
香味だれ　⇒混ぜ合わせる
　花椒（ひく）、しょうが（みじん切り）
　　…各小さじ1
　にんにく（みじん切り）…小さじ½
　しょうゆ、黒酢…各大さじ1と½
　砂糖、黒すりごま、ラー油
　　…各大さじ1
　ごま油…大さじ½
　塩…ひとつまみ
（好みで）パクチー…適量

作り方

1 蒸し鶏の粗熱が取れたら食べやすく切って器に盛り、食べる直前に香味だれをかけて、好みでパクチーを添える。

POINT

花椒（ホワジャオ）は中国の山椒。日本の山椒よりも辛み、しびれ感ともに刺激的。なければ日本の山椒で代用を。ミルでひくか、細かく刻んで加えます。市販の花椒パウダーを使ってもOK。

蒸し鶏アレンジ2

フライドチキン

蒸してあるのでほろっと骨離れがよい手羽元に、
サクッとして軽く、スパイシーな衣をつけて。

材料（4人分）

蒸し鶏（手羽元）… 8本

A ⇒混ぜ合わせる
溶き卵… 1個分
牛乳…¼カップ
おろしにんにく…少々
塩…小さじ½
ナツメグ、カレー粉…各少々（各1g）

小麦粉…⅔カップ（75g）
揚げ油…適量

作り方

1 ポリ袋に蒸し鶏とAを入れて混ぜ合わせ、10分ほど漬ける。

2 1をバットに移し、小麦粉を加えて、鶏肉に衣をまぶす。

3 180℃に熱した揚げ油に2を入れ、カラリとするまで5～6分揚げる。

POINT

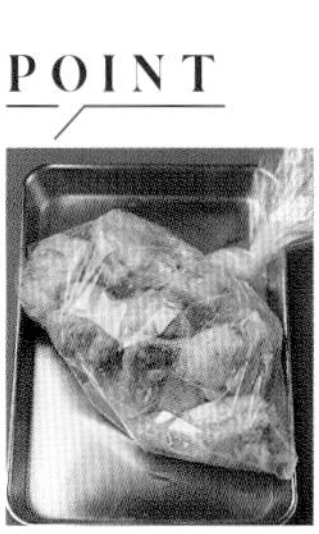

蒸し鶏はポリ袋にたれと一緒に入れておくと、よく味がしみます。

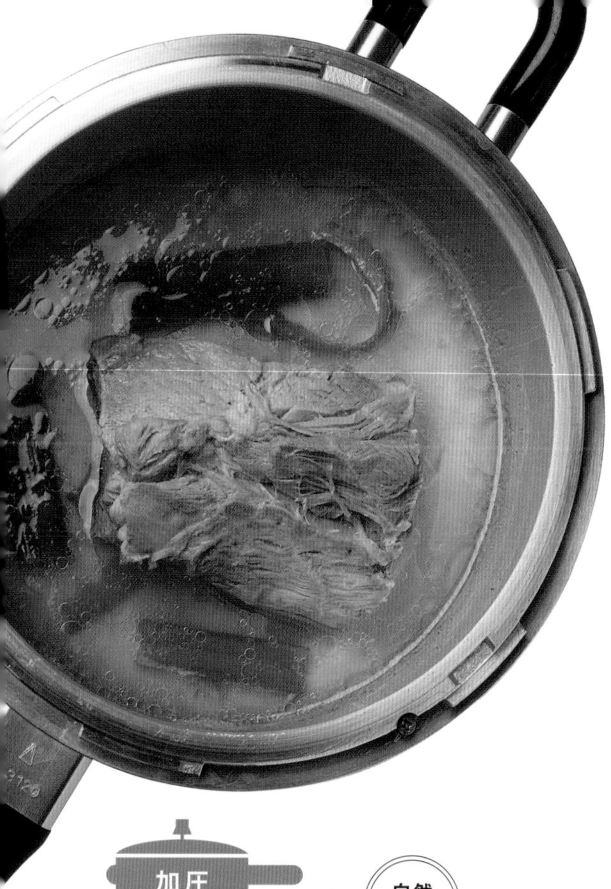

ゆで豚

豚かたまり肉に香味野菜、酒と水、塩を加えて加圧。
スープは脂がキラキラ輝き、肉のエキスがたっぷり。
肉は見るからにやわらか。
ハムや焼き豚の代わりとして使うこともできます。

材料（3〜4人分）

豚肩ロース肉（ブロック）… 600g
長ねぎ（青い部分）… 10cm
しょうが（皮）… 1かけ分
A | 酒… ½カップ
　| 水… 1カップ
　| 塩… 小さじ½

POINT

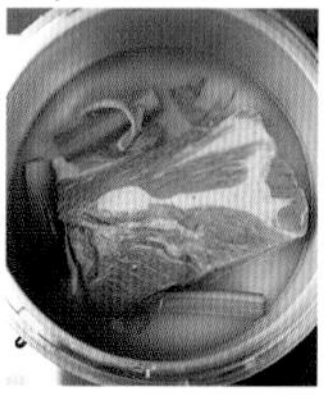

肉が水にすべて浸っていなくても大丈夫。圧力鍋は蒸気で火が通ります。

作り方

1 圧力鍋に、豚肉、長ねぎとしょうがを入れて、Aを加える。ふたをして強火にかける。圧力がかかったら、弱火にして15分加圧する。

2 火を止めて自然放置する。
＊ゆで汁はペーパータオルを敷いたざるを通して漉す。

加圧 15分 >> 自然放置

保存の方法　肉とゆで汁に分け、それぞれ密閉保存袋に入れる。
冷蔵　3〜4日
冷凍　2週間

ゆで豚アレンジ1

ゆで豚の中華風スープ

滋味たっぷりのスープです。
ゆで汁はラーメンのスープに使うのもおすすめ。

材料（2人分）

ゆで豚… 50g（1/7量）　⇒2〜3mm厚さの細切り
長ねぎ… ⅓本（30g）　⇒5mm厚さの斜め切り
しょうが… 1かけ　⇒せん切り
春雨… 15g
　⇒熱湯でもどし、食べやすく切る
ゆで豚のゆで汁… 全量に水を足して2カップにする
A | 酒… 大さじ1
　| 塩、こしょう… 各少々

作り方

1 鍋に水を加えたゆで豚のゆで汁を入れ、中火で煮立てる。ゆで豚、長ねぎ、しょうが、春雨を加え、Aで調味してひと煮する。

ゆで豚アレンジ2

ポッサム

繊維も感じないほどやわらかい肉をサンチュに取り、キムチとコチュジャンだれをのせて。

材料（2〜3人分）

ゆで豚…300g（6/7量）
⇒7〜8㎜厚さに切る
サンチュ（またはサニーレタス）、白菜キムチ
…各適量
コチュジャンだれ　⇒混ぜ合わせる
みそ…大さじ2
コチュジャン、砂糖、ごま油…各大さじ1

作り方

1 器にゆで豚、サンチュ、白菜キムチを盛り、別の器に入れたコチュジャンだれを添える。

プルドポーク

豚肉を塩ゆでしてほぐし、調味するだけ。
いわばアメリカ版リエットは、コンビーフ同様に使えます。

材料（作りやすい分量）

豚肩ロース肉（ブロック）…500g　⇒5㎝大に切る
サラダ油…大さじ½
A｜玉ねぎ…¼個（50g）　⇒縦薄切り
｜ローリエ…1枚
｜白ワイン…¼カップ
｜水…½カップ
｜塩…小さじ⅔
B｜トマトケチャップ、砂糖、しょうゆ…各大さじ1
｜チリパウダー…小さじ1
塩、こしょう…各少々

加圧30分 >> 急冷

保存の方法　ゆで汁ごと密閉保存袋に入れる。
冷蔵　1週間
冷凍　2週間

作り方

1 圧力鍋にサラダ油と豚肉を入れて中火で熱し、表面を焼く。余分な脂を取ってAを加え、ふたをして強火にかけ、圧力がかかったら弱火で30分加圧する。

2 火を止め、流水をかけて急冷する。圧力が抜けたらふたを取り、ローリエを除く。中火にかけて、煮汁をとばしながら、へらなどで肉をほぐす。

3 2の煮汁がなくなったらBを加え、中火でひと煮して、塩、こしょうで味を調える。

プルドポークアレンジ1

プルドポークとキャベツの炒めもの

ピリッと辛くて甘じょっぱいプルドポークは、
ごはんのおかずの素にも。

材料（4人分）

プルドポーク…200g（½量）
キャベツ…⅓個（300g）
⇒ひと口大に切る
サラダ油…大さじ1
塩、こしょう…各少々

作り方

1 フライパンにサラダ油を中火で熱し、キャベツを炒める。しんなりしたら、プルドポークを加えて炒め合わせ、塩、こしょうをふる。

プルドポークアレンジ2

プルドポークのサンドイッチ

プルドポークはチーズとも相性抜群！
大満足のサンドイッチが作れます。

材料（4人分）

プルドポーク…200g（½量）
スライスチーズ…4枚
サニーレタス…1〜2枚
⇒大きめのひと口大にちぎる
イングリッシュマフィン…4個
⇒半分に割って、軽くトーストする

作り方

1 イングリッシュマフィンの片方に、サニーレタス、スライスチーズ、プルドポークを順にのせ、もう片方のマフィンではさむ。好みで、マヨネーズやマスタード各適量（分量外）を一緒にはさんでも。

牛肉の佃煮

ちょっと贅沢な牛肉の佃煮も、圧力鍋なら簡単に作れます。牛肉はお手ごろな輸入牛肉を使ってもおいしく、おべんとうにも人気。使える作りおきおかずです。

材料（作りやすい分量）

牛すね肉（ブロック）…500g　⇒5cm大に切る

A
- 酒…½カップ
- しょうゆ…⅓カップ
- にんにく、しょうが
  …各1かけ（各10g）　⇒薄切り
- 砂糖…大さじ4

加圧 30分 ＞＞ 急冷

保存の方法　密閉保存袋に入れる。
冷蔵　1週間
冷凍　2週間

作り方

1 圧力鍋に牛肉とAを入れ、ふたをして強火にかける。圧力がかかったら、弱火にして30分加圧する。

2 火を止め、流水をかけて急冷する。圧力が抜けたらふたを取り、牛肉の上下を返して中火でひと煮する。

牛肉の佃煮アレンジ1

牛丼

ほっかほかのごはんに牛肉の佃煮を細かくほぐしてのせ、煮汁をたら〜り。

材料（2人分）

牛肉の佃煮…150g（½量）
煮汁…小さじ1〜2
温かいごはん…適量
温泉卵…2個
紅しょうが…適量

作り方

1 牛肉の佃煮は肉を手で細かくほぐす。

2 器にごはんを盛り、1をのせて、煮汁をかける。温泉卵と紅しょうがを添える。

POINT

ごはんとなじむように、手で細かくほぐします。

牛肉の佃煮アレンジ2

牛肉とねぎの煮もの

加圧
1分
>>
急冷

1人分1本のねぎを加えて、牛肉の佃煮を煮ます。
ねぎから甘みが出るから、調味料は何も加えなくて充分！

材料（4人分）

牛肉の佃煮…150g（½量）
長ねぎ…4本（400g）
⇒10㎝長さの斜め切り
煮汁…75㎖（½量）
水…適量

作り方

1 圧力鍋に牛肉の佃煮と長ねぎを入れ、煮汁に水を足して½カップにして加える。ふたをして強火にかけ、圧力がかかったら、弱火にして1分加圧する。

2 火を止め、流水をかけて急冷する。圧力が抜けたらふたを取り、煮汁をかけながら中火でひと煮する。

ミートソース

ひき肉と香味野菜、トマト缶をまろやかになるまで煮込むミートソースも、圧力鍋ならがんばらずに作れます。しかもフレッシュな風味が残って新鮮な味わい。オムレツにかけてみるのもいい。ごちそうになります。

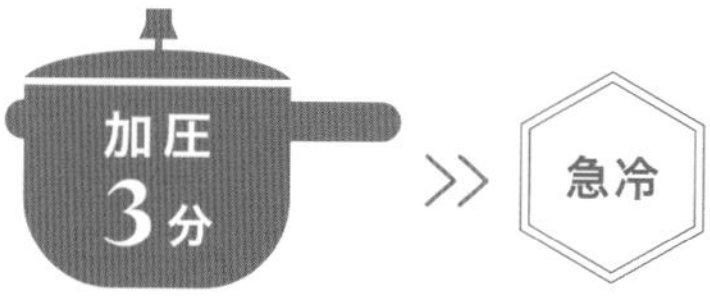

保存の方法	密閉保存袋に入れる。
冷蔵	3~4日
冷凍	2週間

材料（作りやすい分量）

合いびき肉…300g
玉ねぎ…½個(100g)　⇒みじん切り
にんじん…⅔本(100g)　⇒みじん切り
セロリ…⅓本(60g)　⇒みじん切り
にんにく…1かけ　⇒みじん切り
オリーブ油…大さじ2
小麦粉…大さじ1
トマト缶(カットタイプ)…1缶(400g)
ローリエ…1枚
A　塩…小さじ2と½
　こしょう…少々
　砂糖…小さじ2

作り方

1 圧力鍋にオリーブ油、にんにく、玉ねぎ、にんじん、セロリを入れて中火で3分ほど薄く色づくまで炒め、ひき肉を加えてほぐしながら炒める。肉の色が変わったら、小麦粉を加えて粉っぽさがなくなるまで炒める。

2 トマト缶とローリエ、**A**を加えて混ぜ、ふたをして強火にかける。圧力がかかったら、弱火にして3分加圧する。

3 火を止め、流水をかけて急冷する。圧力が抜けたらふたを取り、中火で5~6分煮つめる。

POINT

小麦粉を加えて炒めます。これがソースのとろみになります。

加圧 0分 >> 蒸らし 5分

ミートソースアレンジ1

ミートソース スパゲッティ

スパゲッティも圧力鍋でゆでられます。
時間も半分以下になってうれしい限りです。

材料（4人分）

ミートソース…400g（約½量） ⇒温める
スパゲッティ（9分ゆで）…280g
塩…小さじ1
オリーブ油…大さじ1
（好みで）パルメザンチーズ…適量

作り方

1 圧力鍋に湯1ℓ（分量外）を沸かす。塩を加えて、スパゲッティをほぐしながら入れ、ふたをして強火にかける。圧力がかかったらすぐに火を止め、5分蒸らし、圧力を抜く。

2 ふたを開け、スパゲッティの水けをきってオリーブ油をまぶす。

3 器に**2**を盛り、温めたミートソースをかけて、好みでパルメザンチーズをふる。

ミートソースアレンジ2

なすの ミートソース炒め

マーボーなすのイタリア版。なすのジューシーさと
濃いめのミートソースが絶妙なハーモニー。

材料（4人分）

ミートソース…300g（約⅓量）
なす…4本（360g） ⇒大きめの乱切り
赤唐辛子…1本 ⇒種を取る
塩…少々
オリーブ油…大さじ2

作り方

1 フライパンに、オリーブ油、赤唐辛子を入れて弱火で熱し、香りが立ったら、中火にしてなすの皮目を下にして入れる。ふたをし、ときどき返しながらやわらかくなるまで焼き、塩をふる。

2 ミートソースを加え、味がなじむまで煮る。

季節の手しごと

みそ作り

毎年、作り続けているみそ。
大豆を指でつぶせるまで煮ることが
最大のポイントですが、この作業は同時に、
最も時間を要する大仕事です。
そこで登場するのが圧力鍋。高圧で、
大豆を一気に理想のやわらかさに煮上げます。
あとはつぶして麹を混ぜ、熟成発酵を待つだけ。
「手前みそ」を手にする喜びも間近です。

材料（作りやすい分量　でき上がり量約2kg）

大豆（乾燥）…500g
　⇒ざっと洗い、3倍量の水にひと晩つける
麹…500g
塩…225g
塩（ふり塩用）…適量（25g）

＊みそを仕込む容器はホワイトリカーまたは食品用アルコールで消毒する。

加圧 10分 >> 自然放置

作り方

大豆を2回に分けて煮る。圧力鍋に大豆½量を、つけていた水½量ごと入れ、落としぶたをする。圧力鍋のふたをして強火にかけ、圧力がかかったら弱火で10分加圧する。

火を止め、自然放置する。大豆が指で楽につぶれる程度のかたさであればよい（足りなかったら再び数分加圧）。残りの大豆も同様に煮る。

ざるにあげて大豆のゆで汁をきり、ボウルに移す（ゆで汁は取っておく）。手やマッシャーで大豆をよくつぶす。

別のボウルに麹を入れ、塩を加えて麹の粒をもみほぐす。

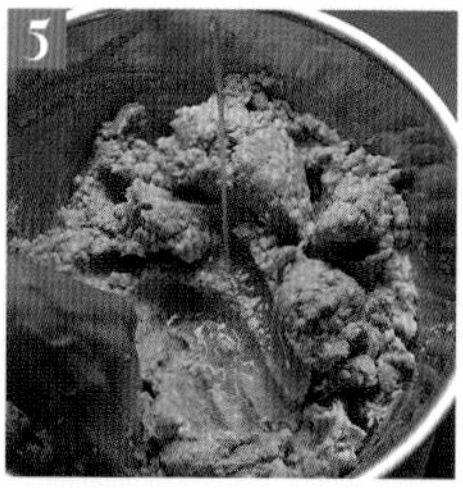

3に**4**を加え、大豆のゆで汁約½カップを加え、かたさを調節する（市販のみそより少しかため）。

5を手でにぎれるほどの大きさに丸める。容器の底に**5**を打ちつけるように入れながら、空気が入らないように隙間なく詰めていく。

表面を平らにしてふり塩用の塩をふり、ラップを密着するようにかぶせる。

落としぶたをして軽い重石をのせ、容器のふたをする。冷暗所で半年〜1年ほど熟成発酵させる。

3章

わが家の定番 絶品おかず

何度も繰り返し作ってきたわが家の定番メニュー。
うまみが引き出された牛肉や豚肉、
骨までやわらかくなるいわしやさば、
いずれも圧力鍋だからこそのお家芸。普通の鍋では
得られないおいしさの広がりを体験してみませんか？

ビーフシチュー

圧力鍋の実力が遺憾なく発揮されます。玉ねぎをよく炒めて味のベースを作ったら、牛肉を焼き、水分を加えて加圧。２つのうまみが溶けるのを待って野菜を加えます。

材料（4人分）

牛すね肉（ブロック）…500g
　⇒大きめのひと口大に切り、塩小さじ½、
　　こしょう少々で下味をつけ、小麦粉大さじ3をまぶす
玉ねぎ…1個（200g）　⇒薄切り
じゃがいも…2個（300g）
　⇒にんじんより大きめのひと口大に切る
にんじん…1本（150g）　⇒ひと口大の乱切り
マッシュルーム…1パック（150g）
さやいんげん…50g　⇒3〜4cm長さに切る
サラダ油…大さじ1
赤ワイン…½カップ
水…1カップ
トマト…1個（150g）　⇒1cm角に切る
A｜ドミグラスソース（市販品）…1缶（290g）
　｜塩、砂糖…各小さじ1
　｜こしょう…少々

作り方

1 圧力鍋にサラダ油を熱し、玉ねぎを薄く色づくまで弱めの中火で20分ほど炒める。牛肉を加えて全面に焼き色がつくまで焼きつける。

2 赤ワインを加えて煮立て、アルコール分をとばす。分量の水を加えて煮立て、アクを取り、トマトを加える。ふたをして強火にし、圧力がかかったら、弱火にして10分加圧する。

3 火を止め、流水をかけて急冷する。圧力が抜けたらふたを取り、じゃがいも、にんじん、マッシュルームを加え、再びふたをして強火にかける。圧力がかかったら、弱火にして5分加圧する。

4 火を止め、流水をかけて急冷する。圧力が抜けたらふたを取り、Aとさやいんげんを加え、ほどよい濃度になるまで中火で煮る。

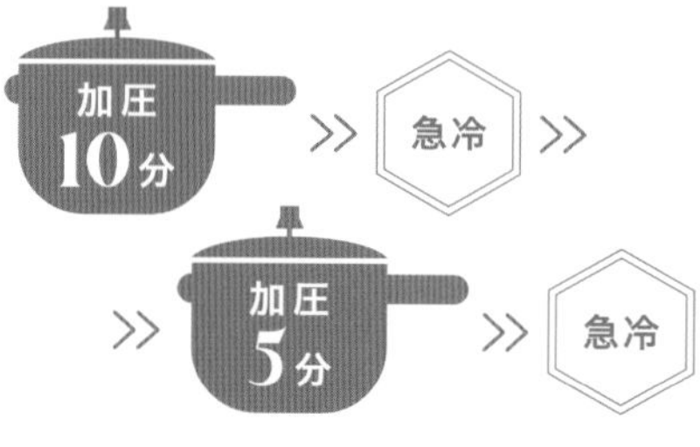

POINT

玉ねぎのカラメル化したうまみ、牛肉の表面に焼き固まったうまみを赤ワインで煮溶かします。必ず煮立ててアルコールをとばすのがポイントです。

食感を残すため、野菜は肉の加圧後に加えます。なお、火が通りやすいさやいんげんは加圧しません。

豚の角煮

箸でほぐせるほどのやわらかさ。
この時間内にここまでできるのは、
圧力鍋をおいて他にありません。
途中で脂を除いて、すっきりと仕上げます。

加圧 15分 >> 急冷 >> 加圧 10分 >> 急冷

材料（作りやすい分量）

豚バラ肉（ブロック）… 800g
⇒6cm角に切る

A
しょうが… 1かけ
⇒薄切り
酒… 1カップ
しょうゆ、みりん …各大さじ3
砂糖…大さじ2

作り方

1 圧力鍋に豚肉を入れ、かぶるほどの水（分量外。4カップほど）を加える。ふたをして強火にかけ、圧力がかかったら、弱火にして15分加圧する。

2 火を止め、流水をかけて急冷する。ゆで汁ごとボウルに移し、粗熱が取れたら冷蔵する。

3 表面に固まった白い脂だけをすくい取り、豚肉を取り出す（ゆで汁は使わない）。

4 圧力鍋に再び3の豚肉とAを入れ、ふたをして強火にかける。圧力がかかったら、弱火にして10分加圧する。

5 火を止め、流水をかけて急冷する。圧力が抜けたらふたを取り、煮汁をかけながら中火でひと煮する。

POINT

豚肉は加圧すると小さくなるので大ぶりに切り、かぶるほどの水を加えて強火にかけます。

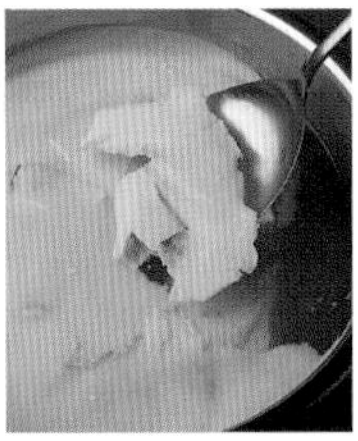

余分な豚の脂肪を取り除くことで、しつこくない角煮になります。この脂はおいしいラード。炒めものにどうぞ。ゆで汁はペーパータオルを敷いたざるで漉して、中華スープなどに。

骨つきさばのみそ煮

かたい骨も圧力鍋で煮ると、缶詰のようにやわらかく、丸ごと食べられます。家庭でおろせない場合は、筒切りまでを魚屋さんに頼むとよいでしょう。

加圧 30分 >> 急冷

材料（4人分）

さば（骨つき）…1尾（800g・正味550g）
⇒頭と尾を切り落とし、3〜4㎝厚さの筒切りにする。内臓を取り除き、血合いをよく洗って水けをふき取る

しょうが…3かけ（30g）　⇒薄切り

長ねぎ…1本（100g）
⇒縦半分に切り、5㎝長さに切る

A　⇒混ぜ合わせる
- 酒、みりん、みそ…各大さじ4
- しょうゆ…大さじ$\frac{1}{2}$
- 砂糖…大さじ3
- 水…$\frac{3}{4}$カップ

作り方

1 圧力鍋にしょうがと長ねぎを敷き、さばの切り口を上にして並べる。Aを加え、ふたをして強めの中火にかける。圧力がかかったら、ごく弱火にして30分加圧する。

2 火を止め、流水をかけて急冷する。圧力が抜けたらふたを取り、煮汁をかけながら中火で2〜3分煮る。

POINT

しょうがと長ねぎを下に敷いてさばをのせると、みそ入りの煮汁でも焼きつくのを防止できます。

ロールキャベツ

加圧 5分 >> 急冷

圧力鍋で煮ると、キャベツと肉だねが一心同体に。
最後はキャベツを転がして、火の通りを均一にします。

材料（4人分）

キャベツ…1個（1kg）
　⇒芯のまわりにぐるりと切り込みを入れる
肉だね　⇒よく練り混ぜ、8等分にする
　合いびき肉…250g
　玉ねぎ…¼個（50g）　⇒みじん切り
　ごはん…100g
　水…大さじ2
　塩…小さじ½
　こしょう…少々
A
　水…1と½カップ
　ローリエ…小1枚
　塩…小さじ1と½
　こしょう…少々

作り方

1 鍋にたっぷりの湯（分量外）を沸かし、キャベツをゆでて、外側から葉を1枚ずつはがし、ざるにあげて粗熱を取る。

2 **1**の葉を大小組み合わせて8つに分け、芯をそぎ取って広げる。中央に肉だねをのせ、そぎ取った芯を置いて俵形に包み、楊枝でとめる。

POINT

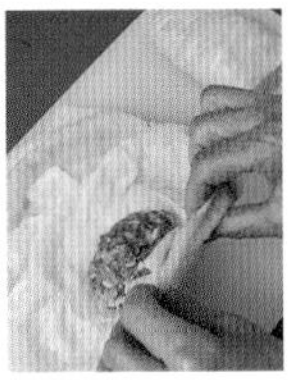

キャベツは大小の葉をひと組にすると、大きさがそろいます。

3 圧力鍋に**2**の巻き終わりを下にして並べて、**A**を加え、ふたをして強火にかける。圧力がかかったら、弱火にして5分加圧する。

4 火を止め、流水をかけて急冷する。圧力が抜けたらふたを取り、ロールキャベツを少し転がして、中火でひと煮する。

バターチキンカレー

加圧 8分 >> 急冷

ヨーグルト、生クリームとバターを加えたカレー。
マイルドな味に、カレー粉のすがすがしい香りが映えます。

材料（4〜5人分）

鶏手羽元…16本（800g）
A
　⇒ポリ袋に入れ、混ぜ合わせる
　塩…小さじ1
　こしょう…少々
　プレーンヨーグルト…100g
玉ねぎ…2個（400g）　⇒粗いみじん切り
にんにく、しょうが…各1かけ　⇒すりおろす
サラダ油…大さじ1と½
トマト缶（カットタイプ）…1缶（400g）
カレー粉…大さじ3
B
　水…1と½カップ
　ローリエ…1枚
C
　塩…小さじ1と½
　こしょう…少々
　生クリーム…½カップ
　ガラムマサラ…小さじ2
　バター…30g

作り方

1 **A**を入れたポリ袋に鶏手羽元を入れてもみ込む。

2 圧力鍋にサラダ油を熱し、玉ねぎを中火で炒める。色づき始めたら、水½カップ（分量外）を少しずつ加えながら、玉ねぎがきつね色になるまで20分ほど炒める。

3 にんにく、しょうがを加えて炒め、トマト缶も加えて3分炒め、水分をとばす。カレー粉を加えて炒め、**1**の鶏肉を加えて、肉の色が変わるまで炒める。**B**を加え、ふたをして強火にする。圧力がかかったら、弱火にして8分加圧する。

POINT

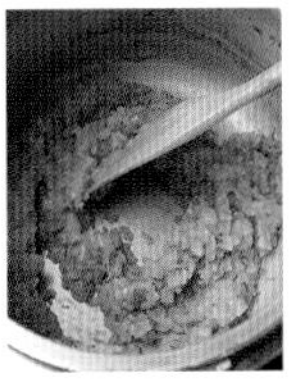

玉ねぎは水を少しずつ加えながら炒めて、カラメル化したうまみを溶かしていきます。

4 火を止め、流水をかけて急冷する。圧力が抜けたら、ふたを取り、ローリエを除く。中火で4〜5分煮て濃度を調節し、**C**で味を調える。ごはん適量（分量外）と器に盛る。

ボルシチ

加圧15分 >> 急冷 >> 加圧3分 >> 急冷

真っ赤なスープの中で、肉と野菜から抽出された
うま味が渾然一体に溶け合います。
生のまま加えたビーツの独特の食感も魅力です。

材料（4人分）

牛すね肉（シチュー用）…500g
水…2と½カップ

A
- にんにく…1かけ　⇒丸ごと
- ローリエ…1枚

B
- ビーツ（生）…2個（300g）
  ⇒皮をむき、1㎝幅の細切り
- 玉ねぎ…½個（100g）　⇒縦薄切り
- にんじん…⅓本（50g）
  ⇒5㎜幅の細切り
- キャベツ…2〜3枚（150g）
  ⇒2㎝幅に切る
- トマト…1個（150g）　⇒1㎝角に切る

塩…小さじ1と½
こしょう…少々
サワークリーム、（好みで）ディル…各適量

作り方

1 圧力鍋に牛肉と分量の水を入れ、中火にかける。煮立ったらアクを取り、**A**を加える。ふたをして強火にかけ、圧力がかかったら、弱火にして15分加圧する。

2 火を止め、流水をかけて急冷する。圧力が抜けたら、**B**の野菜を加え、ふたをして強火にかける。圧力がかかったら、弱火にして3分加圧する。

3 火を止め、流水をかけて急冷する。圧力が抜けたらふたを取り、中火で5分ほど煮て、塩、こしょうで調味する。器に盛り、サワークリームと好みでディルを添える。

POINT

ビーツは皮をむいて細切りにし、生のまま加えます。缶詰など加熱ずみのものを加えても。

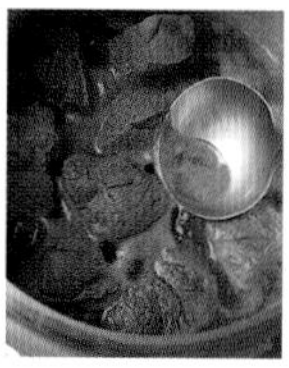

牛肉からアクが出るので、よく取り除きましょう。

牛すね肉のしょうゆ煮

加圧
30分
»
急冷

肉の繊維がホロホロになるまで煮えた牛肉は、
ほのかに八角の上品な香りがします。
お正月にも喜ばれるごちそうです。

材料（4人分）

牛すね肉（ブロック）…500g
⇒太いものは太さを半分に切る

A
- にんにく…大1かけ（15g）　⇒つぶす
- しょうが…大1かけ（15g）　⇒薄切り
- 長ねぎ…10cm　⇒長さを半分に切る
- 八角…½個
- 花椒《ホワジャオ》…小さじ½
- 水…½カップ
- しょうゆ…大さじ2
- 紹興酒（なければ酒）…大さじ4
- 砂糖…大さじ1

（好みで）パクチー…適量

作り方

1 圧力鍋に牛肉とAを入れ、ふたをして強火にかける。圧力がかかったら、弱火にして30分加圧する。

2 火を止め、流水をかけて急冷する。圧力が抜けたらふたを取り、煮汁をかけながら中火でひと煮する。

3 粗熱が取れたら、薄切りにして器に盛り、好みでパクチーを添える。

POINT

圧力鍋に材料を加えて火にかけた段階で、調理の80％は終わり。最後にひと煮して、でき上がりはこのような状態に。

いわしの梅煮

加圧 15分 >> 急冷

さっぱりとして、骨までやわらかく、青背魚のクセもなし。
きりっとした味わいです。
梅干しは種も加えると、風味がアップします。

材料（3〜4人分）

いわし…6尾（600g・正味400g）
⇒うろこを取り、頭を切り落とす。
割り箸を使って切り口から腹わたを
抜き取り、洗って水けをふき取る
梅干し…2個（30g） ⇒梅肉と種に分ける
しょうが…3かけ（30g） ⇒薄切り
A 水、酒…各½カップ
みりん…大さじ3
しょうゆ、砂糖…各大さじ1

作り方

1 圧力鍋にしょうがの薄切りを敷き、いわしを並べる。Aを加えて、梅干し（種も加える）を散らす。ふたをして強めの中火にかけ、圧力がかかったら、ごく弱火にして15分加圧する。

2 火を止め、流水をかけて急冷する。圧力が抜けたらふたを取り、煮汁をかけながら中火でひと煮する。

POINT

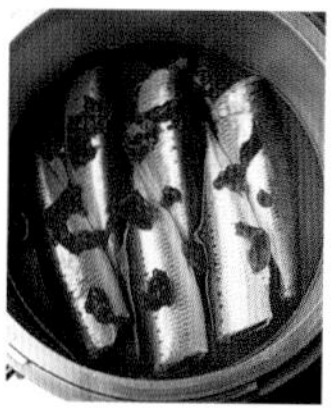

腹を切って内臓を取り出すと、身がくずれてしまうので、皮を破らずに内臓を抜き取ります。並べるときは重ならないようにして、火の通りを均一に。

牛すじ肉と大根の煮もの

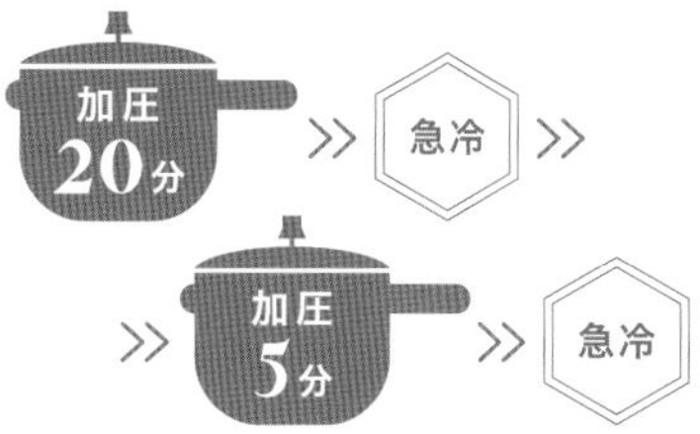

コラーゲンが溶けて、かたいすじ肉がプルプル！
そのうまみがしみた大根はべっこう色で、
とろとろ、ツヤツヤ。圧力鍋の真骨頂、ここにあり！

材料（4人分）

牛すじ肉…300g
⇒たっぷりの水に入れて中火で煮立て、2分下ゆでする。ざるにあげ、流水で洗って、食べやすく切る

A
- 水…1カップ
- 酒…⅓カップ
- 長ねぎ（青い部分）…10㎝
- しょうが…1かけ　⇒薄切り

大根…⅔本（800g）
⇒3㎝厚さの輪切りにして皮を厚くむき、半分に切る

B
- しょうゆ、みりん…各大さじ2
- 砂糖…大さじ1
- 塩…小さじ½

作り方

1 圧力鍋に牛すじ肉と**A**を入れ、ふたをして強火にかける。圧力がかかったら、弱火にして20分加圧する。

2 火を止め、流水をかけて急冷する。圧力が抜けたら、長ねぎとしょうがを取り除く。

3 **2**に大根と**B**を加え、ふたをして強火にかける。圧力がかかったら、弱火にして5分加圧する。火を止め、流水をかけて急冷する。圧力が抜けたらふたを取り、中火で10分煮る。

さんまのしょうが煮

加圧 15分 >> 急冷

骨までやわらかいのは言うまでもなく、
特筆すべきは、さんまの脂と身がみごとに溶け合い、
新たなおいしさを生み出していること！

材料（4〜6人分）

さんま…4〜5尾（600g・正味480g）
⇒頭と尾を切り落とし、3等分の筒切りにして内臓を抜き取る。きれいに洗って水けをふき取る
しょうが…3かけ（30g）　⇒薄切り
A
水…¼カップ
酒…½カップ
みりん、しょうゆ…各大さじ3
砂糖…大さじ2

作り方

1 圧力鍋にAを入れ、しょうがを敷いて、さんまを並べ入れる。ふたをして強めの中火にかけ、圧力がかかったら、ごく弱火にして15分加圧する。

2 火を止め、流水をかけて急冷する。圧力が抜けたらふたを取り、煮汁をかけながら中火でひと煮する。

たこのやわらか煮

加圧 7分 >> 急冷

たこの香りがトマトソースからふわりと漂いますが、
ゆでだこのシコシコとした食感とは大違い！
たこを食べやすく切り、ゆでたパスタにかけるのもおすすめです。

材料（4人分）

ゆでだこ（足）…4〜5本（600g）
　⇒1本ずつに切る
玉ねぎ…½個（100g）　⇒縦薄切り
にんにく…1かけ　⇒つぶす
トマト缶（カットタイプ）
　…1缶（400g）
オリーブ油…大さじ1
黒オリーブ（カットタイプ）…1袋（25g）
塩…小さじ½
こしょう…少々

作り方

1 圧力鍋にオリーブ油とにんにくを入れて熱し、玉ねぎを中火で炒めて、しんなりしたらトマト缶を加えて煮立てる。

2 ゆでだこを加え、ふたをして強火にする。圧力がかかったら、弱火にして7分加圧する。

3 火を止め、流水をかけて急冷する。圧力が抜けたらふたを取り、黒オリーブを加えて、塩、こしょうで味を調える。

POINT

炒めた玉ねぎとトマト缶で、ベースとなるトマトソースを作ったら、たこを加えて加圧します。

肉だんごと白菜のスープ煮

**肉だんごのジューシーな食感もさることながら、
脇を固める白菜と春雨が肉だんごのエキスを
一身に受け止め、実に「いい仕事」をしてくれます。**

加圧 2分 >> 急冷

材料（4人分）

白菜…¼株(500g)
　⇒縦半分に切り、5〜6㎝長さに切る
春雨…30g　⇒熱湯でもどし、食べやすく切る
肉だんご　⇒よく練り混ぜ、4等分に丸める
　豚ひき肉…300g
　卵…1個
　酒…大さじ1
　おろししょうが…小さじ1
　長ねぎ…½本(50g)　⇒みじん切り
　塩…小さじ½
　こしょう…少々
　片栗粉…大さじ3
サラダ油…大さじ½
A　酒…大さじ2
　しょうゆ…大さじ1と½
　砂糖…小さじ1
　塩…小さじ⅔

作り方

1 フライパンにサラダ油を熱し、肉だんごを弱めの中火で3分ほど焼く。焼き色がついたら返し、さらに3分ほど焼く(中は生でよい)。

2 圧力鍋に白菜を入れ、**1**をのせて、**A**を加える。ふたをして強火にかけ、圧力がかかったら、弱火にして2分加圧する。

3 火を止め、流水をかけて急冷する。圧力が抜けたらふたを取り、春雨を加えて味がなじむまで中火で煮る。

POINT

肉だんごは表面だけを焼き固め、白菜の上にのせて加圧。こうすると、肉だんごは焼きつかず、白菜には肉汁がしみます。

鶏肉のサムゲタン風

加圧 7分 >> 自然放置

本来は丸鶏で作るサムゲタンをもも肉で手軽に。
鶏肉にもち米を詰め、ロールチキンのように巻きます。
スタミナがつく野菜を加え、圧力鍋で栄養を逃がさずに。

材料（4人分）

鶏もも肉…大2枚（600g）
　⇒余分な脂を取り除き、厚みを均一にして、
　　塩小さじ½をまぶす
もち米…大さじ6　⇒洗う
にんにく…3かけ
　⇒半分に切って芯芽を取る
しょうが…1かけ　⇒厚めの薄切り
里いも…4個（400g）　⇒2〜3等分に切る
長ねぎ…1本（100g）
　⇒3〜4㎝長さのぶつ切り
A｜水…4カップ
　｜酒…½カップ
　｜塩…小さじ1と½
　｜こしょう…少々
クコの実…大さじ½　⇒水でふやかす

作り方

1 鶏肉にもち米を巻き込んで、たこ糸をかけて結ぶ。

2 圧力鍋に1、にんにく、しょうが、里いも、長ねぎ、Aを入れ、ふたをして強火にかける。圧力がかかったら、弱火にして7分加圧する。

3 火を止め、自然放置する。圧力が抜けたらふたを取り、クコの実を加えて、中火でひと煮する。盛りつけるときに鶏肉を取り出し、たこ糸をはずして切り分ける。

POINT

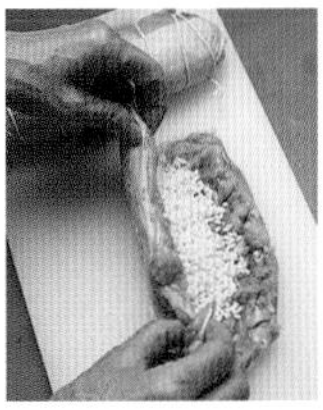

ロールチキンのように、鶏肉の中央にもち米をのせて巻き、たこ糸をかけます。

煮豚

加圧 15分 >> 急冷

豚肉を焼きつけて15分加圧し、煮汁を煮からめるだけ。
口に入れたとたん、肉がほろりとくずれ、笑みがこぼれます。
ゆで卵は加圧せず、煮汁をからめながら煮てください。

材料（4人分）

豚肩ロース肉（ブロック）… 500g
サラダ油…大さじ½
しょうが…大1かけ（15g）　⇒薄切り
長ねぎ（青い部分）… 10㎝
A｜水、酒…各⅓カップ
　｜しょうゆ…大さじ3
　｜砂糖…大さじ1と½
卵… 4個
　⇒冷蔵室から出したてを
　　熱湯に入れ、7分ゆでる

作り方

1 圧力鍋にサラダ油と豚肉を入れて中火で熱し、転がしながら5〜6分焼く。

2 しょうが、長ねぎ、Aを加え、ふたをして強火にする。圧力がかかったら、弱火にして15分加圧する。

3 火を止め、流水をかけて急冷する。圧力が抜けたらふたを取り、肉を返しながら10分、ゆで卵を加えて転がしながら3〜5分中火で煮る。煮豚は薄切りにして器に盛り、煮汁をかける。ゆで卵を半分に切って添える。

POINT

豚肉を転がしながら焼き、肉の表面全体にきれいな焼き色をつけます。こうすることで風味がよくなり、うまみも出ます。

昆布巻き

加圧
5分

急冷

おせちの定番昆布巻きも、圧力鍋なら手軽です。
しかも昆布が驚くほどやわらかく煮えるから、
味も食感もさけとマッチして完璧のできばえ！

材料（12本）

日高昆布…長さ20㎝×7枚（約80g）
⇒さっと洗ってバットに入れ、
1と½カップの水に10分ほどつけて
もどし、5㎝幅の18〜24枚に切る
甘塩ざけ…2切れ（220g）
⇒骨と皮を取り除き、
5㎝長さの16等分の棒状に切る
かんぴょう…20g　⇒水につけてさっと洗う
A
昆布のもどし汁
…水を加えて1と½カップ
酒…⅓カップ
みりん…大さじ1
しょうゆ…大さじ1と½
砂糖…大さじ3

作り方

1 昆布の切り口を両端にして1と½〜2枚を重ねて置き、甘塩ざけを芯にして巻き込む。かんぴょうで、ゆるめに2巻きして結ぶ。

2 圧力鍋に1を並べ入れ、Aを加える。ふたをして、強火にかける。圧力がかかったら、弱火にして5分加圧する。

3 火を止め、流水をかけて急冷する。圧力が抜けたらふたを取り、中火で煮汁が少なくなるまで煮る。

POINT

昆布は厚みに差があるので、二重にして均一にします。

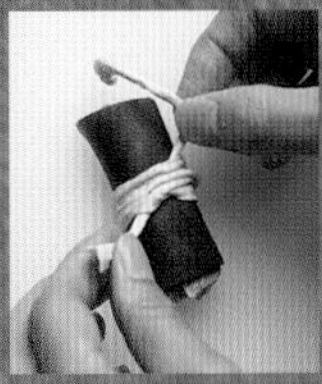

煮ている間に昆布が膨らんでくるので、かんぴょうはゆるめに巻いて。

加圧
15分

自然放置

黒豆

おせち作りの中でも大仕事だった黒豆が
わずか15分加圧したら、ほったらかしで完成！
気ぜわしい年末に時間のゆとりが生まれます。

材料（作りやすい分量）

黒豆…1袋（250g）　⇒ざっと洗い、ざるにあげる

A｜水…4カップ
　｜しょうゆ…大さじ2
　｜砂糖…250g
　｜塩…小さじ1

作り方

1 圧力鍋にAを入れて煮立て、火を止める。黒豆を入れ、ふたをして5〜6時間置いて黒豆をふやかす。

2 黒豆に落としぶた（付属の蒸し板を逆さにする）をし、ふたをして強火にかける。圧力がかかったら、弱火にして15分加圧する。

3 火を止め、自然放置する。

POINT

煮立てたシロップに豆をつけてもどします。最低半日といわれるもどし時間が半分に。

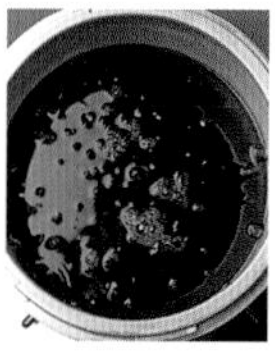

シロップに5〜6時間つけてもどすと、まん丸だった黒豆が大きく膨らんで楕円形になります。

加圧
1分

急冷

金時豆の甘煮

豆の煮ものは圧力鍋の十八番です。
金時豆もふっくら、シロップたっぷりに作れます。
豆の風味も濃厚。豆好きにはたまらない味です。

材料（作りやすい分量）

金時豆…1袋（300g・約2カップ）
　⇒ざっと洗い、2倍量の水（約4カップ）に
　　2〜3時間つける

A｜砂糖…200g
　｜塩…少々

作り方

1 圧力鍋に金時豆をもどし汁ごと入れ、強火にかけて煮立てる。アクを取り、ふたをする。圧力がかかったら、弱火にして1分加圧する。

2 火を止め、流水をかけて急冷する。圧力が抜けたらふたを取り、Aを加えて、弱火で味がなじむまで2〜3分煮る。

POINT

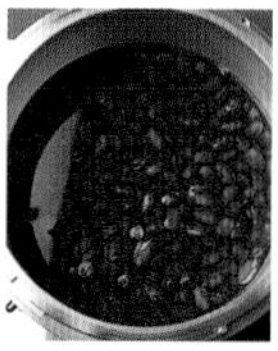

まだ豆に少ししわが寄っているくらいのもどし具合でも、やわらかく煮えます。

4章

もっちり、ふっくら ごはんもの

圧力鍋は、ごはんを炊くのがとっても得意。
米がもつ粘りやうまみを最大限に生かして炊き上げます。
しかも、玄米はもちろん、白いごはんやもち米も浸水させる
必要がないのがうれしいところ。炊飯器や土鍋とは
一線を画する食感をどうぞ味わってください。

玄米ごはん

「玄米ごはんがおいしく炊ける！」
ここが日本で圧力鍋が広まった原点です。
そのうまさは今や名人芸。まずは体験を！

材料（4〜6人分）

玄米…3合
⇒さっと洗い、ざるにあげる
水…650mℓ

加圧 25分 ≫ 蒸らし 15分

作り方

1 圧力鍋に玄米を入れ、分量の水を加える。ふたをして強火にかける。圧力がかかったら、弱火にして25分加圧し、最後に30秒ほど強火にする。

2 火を止め、15分蒸らして、圧力を抜き、さっくり混ぜる。

白米ごはん

圧力鍋なら米の浸水は必要なく、水の分量は米と同量。
炊き上がりはもっちり、もち米のよう。
この手軽さ、食感を知ったら、圧力鍋は手放せません。

材料（4〜6人分）

米…3合
⇒洗い、ざるにあげる
水…540mℓ

加圧 3分 ≫ 蒸らし 15分

作り方

1 圧力鍋に米を入れ、分量の水を加える。ふたをして強火にかける。圧力がかかったら、弱火にして3分加圧する。

2 火を止め、15分蒸らして、圧力を抜き、さっくり混ぜる。

*圧力鍋で白米を炊くと、ごはんがグレーがかって見えることがあります。これは高い温度で調理したために米のアルファ化が急速に進み、透明度を増したために起こる現象です。味にも健康にも問題はありません。

雑穀ごはん

白米と同じように、浸水時間ゼロ、
雑穀を加えた米でも、同量の水で充分。
もっちりとした圧力鍋特有の食感は健在です。

材料（4〜6人分）

米…3合
⇒洗い、ざるにあげる
雑穀…30g
水…540mℓ

加圧 3分 ≫ 蒸らし 15分

作り方

1 圧力鍋に米と雑穀を入れ、分量の水を加える。ふたをして強火にかける。圧力がかかったら、弱火にして3分加圧する。

2 火を止め、15分蒸らして、圧力を抜き、さっくり混ぜる。

赤飯

わが家のお赤飯はあずきで作ります。
圧力鍋を続けて2回使うことによって、
もちもちとして、豆の香り豊かな赤飯ができます。

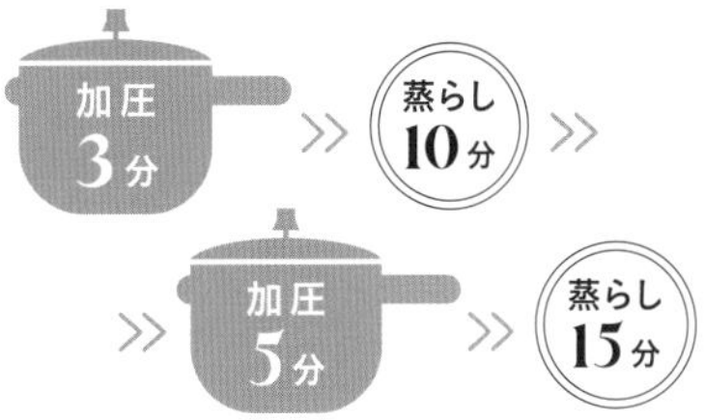

材料（4〜6人分）

もち米…3合　⇒洗い、ざるにあげる
あずき…⅓合(90g)　⇒さっと洗う
水…1カップ
塩…小さじ⅔
黒炒りごま…大さじ½
⇒香りが立つまでから炒りをし、
塩少々を加えて混ぜる

作り方

1 圧力鍋にあずきと分量の水を入れ、ふたをして強火にかける。圧力がかかったら、弱火にして3分加圧する。

2 火を止め、10分蒸らして圧力を抜く。ふたを取り、ボウルに重ねたざるを通して、あずきとゆで汁に分ける。ゆで汁は水を足して450mℓ用意する。

3 圧力鍋に、もち米、2のゆで汁、塩を入れて混ぜ、2のあずきをのせる。ふたをして強火にかけ、圧力がかかったら、弱火にして5分加圧する。

4 火を止め、15分蒸らして、圧力を抜く。器に盛り、黒炒りごまをふる。

POINT

あずきはつぶれないように、もち米の上にのせて加圧します。

五目炊き込みごはん

**作り方は炊飯器とほぼ同じですが、
圧力鍋は野菜の水分を逃がさないので、
炊飯器のときよりも水分量を少なくします。**

材料（4人分）

米…2合　⇒洗い、ざるにあげる

A
- 水…250㎖
- 酒…大さじ2
- しょうゆ…大さじ1
- 塩…小さじ½

鶏もも肉…小½枚（100g）
　⇒1.5㎝角に切り、酒、しょうゆ各小さじ1をまぶす

ごぼう…⅓本（50g）　⇒ささがきにし、水に5分さらす

しめじ…大½パック（100g）　⇒長さを半分に切り、ほぐす

にんじん…⅓本（50g）　⇒3㎝長さのせん切り

作り方

1 圧力鍋に米とAを入れ、混ぜ合わせる。その上に、鶏肉、ごぼう、しめじ、にんじんを混ぜないで順にのせ、ふたをして強火にかける。圧力がかかったら、弱火にして3分加圧する。

2 火を止め、15分蒸らして、圧力を抜き、さっくり混ぜる。

炒り大豆ごはん

加圧 25分 >> 蒸らし 15分

節分の豆でおなじみの炒り大豆なら、
玄米に直接加えるだけで、やわらかく炊けます。
仕上げにちりめんじゃこを加え、いっそう香ばしく！

材料（4人分）

玄米…2合
　⇒さっと洗い、ざるにあげる
炒り大豆…50g
A｜水…2カップ
　｜しょうゆ…大さじ1
　｜酒…大さじ2
　｜塩…小さじ1/3
ちりめんじゃこ…30g

作り方

1 圧力鍋に玄米と**A**を入れてひと混ぜし、炒り大豆を加える。ふたをして強火にかけ、圧力がかかったら、弱火にして25分加圧する。

2 火を止め、15分蒸らして、圧力を抜き、ちりめんじゃこを加えてさっくり混ぜる。

POINT

ちりめんじゃこは大豆と一緒に加えるとくずれてしまうから、加圧後に加えます。

カレーピラフ

加圧 3分 ＞＞ 蒸らし 10分

具はソーセージと玉ねぎだけですが、
甘酸っぱいレーズンがアクセントとして働き、
スパイシーなカレーに味の広がりをもたらします。

材料（4〜6人分）

米…3合　⇒洗い、ざるにあげる
玉ねぎ…小1個（150g）　⇒粗みじん切り
ウインナーソーセージ…1袋（130g）
　⇒1㎝幅に切る
にんにく…1かけ　⇒みじん切り
サラダ油…大さじ1
カレー粉…大さじ2
A
　水…2カップ
　酒…大さじ2
　しょうゆ…大さじ1
　塩…小さじ½
レーズン…30g

作り方

1 圧力鍋にサラダ油を熱し、にんにくを弱火で香りよく炒め、玉ねぎを加えて中火で炒める。ソーセージを加えてさっと炒め、カレー粉を加えて香りが出るまで炒めたら、米を加えて透き通るまで炒める。

2 Aを加え、ふたをして強火にかける。圧力がかかったら、弱火にして3分加圧する。

3 火を止め、10分蒸らして、圧力を抜く。レーズンを加えて再び5分蒸らし、さっくりと混ぜる。

POINT

カレー粉はスパイシーな香りが立ちのぼるまで炒めます。

きのこのリゾット

アルデンテのように、少し芯がある状態に炊くときは、
米を炒め、加圧時間を短くして炊きます。
余熱で火が通らないように、急冷にするのもポイントです。

材料（4人分）

米…1と½合　⇒洗わない
玉ねぎ…¼個(50g)　⇒みじん切り
しめじ…大½パック(100g)
　⇒細かくほぐす
しいたけ…4枚(100g)　⇒薄切り
オリーブ油…大さじ2
水…4カップ
塩…小さじ1
こしょう…少々
パルメザンチーズ…30g
パセリ…適量　⇒みじん切り

作り方

1 圧力鍋にオリーブ油を熱して、玉ねぎを透き通るまで中火で炒め、しめじ、しいたけを加えて炒める。続けて米を加え、透き通るまで炒める。

2 分量の水を加え、ふたをして強火にかける。圧力がかかったら、弱火にして2分加圧。

3 火を止め、流水をかけて急冷する。圧力が抜けたらふたを取り、塩、こしょうで調味し、中火で煮汁を4〜5分とばす。パルメザンチーズを加えて混ぜ、器に盛ってパセリと好みでパルメザンチーズ適量（分量外）をふる。

POINT

米を透き通るまで炒めておくと、米が汁けを吸っても雑炊のようにならず、食感が残ります。

中華がゆ

加圧 5分 >> 蒸らし 10分

普通の鍋で作ると、20〜30分は加熱しなければなりませんが、
圧力鍋なら5分！ 干し貝柱の風味が豊かで、
体にやさしいおかゆが炊けます。

材料（4人分）

米…1合 ⇒洗い、ざるにあげる
干し貝柱…5個（20g）
⇒さっと洗い、水1カップに入れて、冷蔵室でひと晩もどし、手でほぐす
A 水…干し貝柱のもどし汁を加えて1ℓ
塩…小さじ1
薬味
ザーサイ…適量 ⇒細切り
高菜漬け…適量
⇒さっと洗い、食べやすく切る
ワンタンの皮…適量
しょうが…適量 ⇒せん切り
万能ねぎ…適量 ⇒小口切り

作り方

1 薬味の高菜漬けはごま油適量（分量外）で炒める。ワンタンの皮は揚げ油適量（分量外）で揚げ、小さく砕く。

2 圧力鍋に米と干し貝柱、Aを入れ、ふたをして強火にかける。圧力がかかったら、弱火にして5分加圧する。

3 火を止め、10分蒸らして、圧力を抜く。器に盛り、薬味を添える。

POINT

干し貝柱のもどし汁を加えた水の量は、米の約6倍。

薬味はお好みのものを用意して。

中華おこわ

加圧 5分 >> 蒸らし 15分

肉もえびも、きのこも入った中華おこわ。
もっちりと炊けたもち米の中に、いろいろな味を
仲よく取り込むのは、圧力鍋の得意ワザです。

材料（4～6人分）

もち米…3合　⇒洗い、ざるにあげる
豚肩ロース肉（とんかつ用）…1枚（200g）
　⇒1.5㎝角に切る
干しえび…大さじ2　⇒粗く刻む
干ししいたけ…6枚（20g）
　⇒水1カップに入れて、
　　包丁で切れる程度にもどし、
　　1.5㎝角に切る
ゆでたけのこ…150g　⇒1.5㎝角に切る
甘栗…2袋（70g）　⇒半分に切る
サラダ油…大さじ2
A｜酒、しょうゆ…各大さじ2
　｜砂糖…小さじ1
　｜塩…小さじ½
水…炒め汁と干ししいたけのもどし汁を
　加えて420㎖

作り方

1 圧力鍋にサラダ油、豚肉、干しえび、しいたけを入れて熱し、中火で炒める。肉の色が変わったら、たけのこ、甘栗の順に加えて炒め、**A**で調味してさっと炒める。ボウルに重ねたざるを通して、具と炒め汁に分ける。

2 **1**の圧力鍋に、もち米、分量の水を入れ、**1**の具を平らにのせる。ふたをして、強火にかける。圧力がかかったら、弱火にして5分加圧する。

3 火を止め、15分蒸らして、圧力を抜き、さっくり混ぜる。

POINT

炒めた具から出るうまみも生かしたいので、具と炒め汁に分け、炒め汁は炊飯の水に加えます。

COLUMN

とっておきのスイーツ

粒あん

加圧 10分 ≫ 自然放置

高圧・短時間加熱の圧力鍋だからこそ、
香りも食感もフレッシュにでき上がります。
ゆでこぼしも1回だけだから気軽に作れます。

材料（でき上がり量約800g）

あずき…200g　⇒さっと洗い、ざるにあげる
水…3カップ
砂糖…200g
塩…小さじ¼

作り方

1 圧力鍋にあずきとひたひたの水（分量外）を入れ、強火で煮立てて、ざるにあげる。

2 圧力鍋に1と分量の水を入れ、落としぶたをする。ふたをして強火にかけ、圧力がかかったら、弱火にして10分加圧する。

3 火を止め、自然放置する。圧力が抜けたらふたを取り、砂糖と塩を加え、木べらで混ぜながら5分ほど中火で煮つめる。火を止め、そのまま冷ます。

粒あんアレンジ

お汁粉

粒あんさえあれば、水を加えて焼きもちを入れるだけ。

材料（2人分）

粒あん…200g
水…½カップ
切りもち…2個
⇒8等分に切って
オーブントースターで焼く

作り方

1 小鍋に粒あんと分量の水を入れ、中火で温める。

2 器に1のお汁粉を入れ、焼きもちを浮かべる。

POINT

粒あんを水でのばします。

りんごジャム

加圧 2分 ≫ 急冷

たった2分の加圧と10分の煮つめ時間で、
自家製のみずみずしいジャムが作れるなら、
作らない手はありません。
アイスクリームや
ヨーグルトにのせて…。

材料（作りやすい分量）

りんご（ふじ）… 4個（1kg）
⇒縦8等分に切って芯を取り、皮をむいて5㎜～1㎝厚さのいちょう切りにする
A｜砂糖… 100g
｜レモン汁…大さじ½

作り方

1 圧力鍋にりんごとAを入れ、水分が出てくるまで中火にかける。ふたをして強火にし、圧力がかかったら弱火にして2分加圧する。

2 火を止め、流水をかけて急冷する。圧力が抜けたらふたを取り、中火でとろみがつくまで混ぜながら煮る。

パイナップルのコンポート

加圧 5分 ≫ 急冷

しっとりとやわらかな果肉から、
香りとジュースがあふれます。

材料（4人分）

パイナップル… 1個（正味1kg）
⇒大きめのひと口大に切る
A｜砂糖、水…各100g

作り方

1 圧力鍋にAを入れて煮立て、砂糖を溶かす。火を止めてパイナップルを加え、ふたをして強火にかける。圧力がかかったら弱火にして5分加圧する。

2 火を止め、流水をかけて急冷する。圧力が抜けたらふたを取り、ボウルに移して冷やす。食べるときに、器にパイナップルを盛り、シロップをかけて、あればミント（分量外）を添える。

圧力鍋Q&A

Q 時間どおりに加圧したけれど、食材がかたいときはどうすればいい？

A 圧力鍋の機種や、使用する素材によって、仕上がりに差が出ることがあります。そういう場合は、圧力をかけずに3～5分様子を見ながら加熱してみてください。また、かなりかたそうというときは、圧力鍋のふたをして強火にかけ、再度圧力を1～3分程度かけて急冷を。

Q 分量を増やしたいときの加圧時間はどうすればいい？

A 分量を増やしても、減らしても加圧時間や蒸らし時間は同じで大丈夫です。ただし、圧力がかかるまでの時間は、普通の鍋と同様に変わります。また、鍋に入れられる最大容量（深さ⅔・豆は⅓まで）は必ず守ってください。

Q 水分量が少ないと焦げるのではないかと心配です。

A 圧力鍋は、高温の蒸気で加熱するので、材料が煮汁に浸っていなくても加熱ムラはありません。また、密閉状態で加圧するため、水分はほとんど蒸発せず、普通の鍋に比べて、素材そのものからも水分が多く出るので、レシピどおりの水分量を守っていれば、焦げる心配もありません。それでも焦げついてしまった場合は、圧力がかかるまでの火力が弱すぎたり、圧力がかかってからの火力が強すぎることが原因かもしれません。

Q でき上がりの味が薄く感じるときは？

A 季節によって、野菜の水分量も変わるので、味が薄いと感じたら、加圧後にふたをせずに、好みの味になるまで煮てください。

Q ＩＨ（電磁調理器）でも圧力鍋は使えますか？

A ＩＨ対応の圧力鍋であれば、問題なく使えます。詳しくは、圧力鍋やＩＨクッキングヒーターの取扱説明書をご確認ください。

材料別　索引

肉とその加工品

メーカー別　加圧時間早見表

本書では鋳物屋のPC-45Aを使用しています。
お持ちの圧力鍋で本書の料理を作るときの参考に、
基本食材の加圧時間を主要メーカー別にご紹介します。

圧力鍋	食材	分量／水分量	調理法	加圧時間	冷却法	メモ
鋳物屋 **PC-45A**  **発売以来40年の超ロングセラー商品。** 容量4.5ℓ／重量3.0kg／アルミ製／オモリ式（重・軽） **グラン・クリュ** **GR-50**  **炊飯の理想を追求した「圧力炊飯鍋」。** 容量4.8ℓ／重量4.5kg／50G（ガス用）はアルミ製、50H（IH用）は本体アルミ製・底面ステンレス製／オモリ式（重・軽）	牛すね肉	500g（ブロック）／約170mℓ	煮る	**30分**	急冷	→本書P72
	豚肩ロース肉	600g（ブロック）／300mℓ	ゆでる	**15分**	自然放置	→本書P68
	鶏むね肉	400g／200〜300mℓ	蒸す	**5分**	5分蒸らし	
	あじ	-／ひたひた	煮る	**15〜20分**	15分蒸らし	
	いわし（骨までやわらかく）	6尾／260mℓ	煮る	**15分**	急冷	→本書P88
	大根	1本（4cm輪切り）／250mℓ	ゆでる	**8分**	15分蒸らし	→本書P58
	じゃがいも	6個（皮つき丸ごと）／400mℓ	蒸す	**7分**	15分蒸らし	→本書P56
	大豆	300g（もどす）／400mℓ	蒸す	**10分**	自然放置	→本書P62
	玄米	3合／650mℓ	炊く	**25分**	15分蒸らし	→本書P98
ティファール **クリプソ ミニット イージー4.5L**  **軽くて片手で簡単開閉の定番圧力鍋。** 容量4.5ℓ／重量2.2kg／ステンレス製／スプリング式／保証10年	牛すね肉	600g（ブロック）	ゆでる	**29分**	自然放置	
	豚肩ロース肉	700g（ブロック）	焼き豚風	**20分**	蒸らし20分	
	豚バラ肉	300g（食べやすく切る）	煮る	**7分**	自然放置	
	骨つき鶏もも肉	4本	ゆでる	**6分**	自然放置	
	いわし（骨までやわらかく）	中6尾	煮る	**30分**	自然放置	
	切り身魚	4切れ（120g×4）	煮る	**2分**	蒸らし10分	
	大根	600g（3cm幅の輪切り）	ゆでる	**6分**	自然放置	
	大豆	150g	ゆでる	**4分**	自然放置	豆の4〜5倍の水に6〜8時間つけてもどす
	玄米	3合／700〜800mℓ	炊く	**22分**	蒸らし10分	1時間浸水
パール金属 **クイックエコ 3層底切り替え式 圧力鍋4.5L**  **保温性に優れた3層底で焦げつきにくい。** 容量4.5ℓ／重量2.3kg／ステンレス製／スプリング式／圧力切り替え式／保証1年	牛すね肉	500g（ブロック）／1ℓ	ゆでる	**40分**	自然放置	
	豚もも肉	400g（ブロック）／1ℓ	ゆでる	**30分**	自然放置	
	豚バラ肉	500g（5cm角切り）／1ℓ	ゆでる	**20分**	自然放置	一度ゆでこぼす
	骨つき鶏もも肉	1本（約250g）／1ℓ	ゆでる	**10分**	自然放置	
	いわし（骨までやわらかく）	4尾／かぶるくらい	煮る	**20分**	自然放置	
	ぶり	2切れ／かぶるくらい	煮る	**3分**	自然放置	
	大根	½本（4cm輪切り）／1ℓ	ゆでる	**8分**	自然放置	4cm輪切りを8つ割りで加圧5分
	大豆	100g／豆類最大量まで	ゆでる	**5分**	自然放置	水にひと晩つけてもどす
	もち米	2合／360mℓ	ゆでる	**5分**	自然放置	

圧力鍋	食材	分量／水分量	調理法	加圧時間	冷却法	メモ
ビタクラフト **スーパー圧力鍋 アルファ3.5L**  **シンプル設計と 5つの安全機能で 初めての人も安心して使える。** 容量3.5 ℓ／ 重量2.23kg／ ステンレスとアルミニウムの 全面5層構造／スプリング式／ 保証10午	牛すね肉	500〜600g（ブロック）／ かぶるくらい	ゆでる	**35分**	自然放置	
	豚もも肉	500〜600g（ブロック）／ かぶるくらい	ゆでる	**20分**	自然放置	
	豚バラ肉	500〜600g（ブロック）／ かぶるくらい	ゆでる	**20分**	自然放置	
	鶏もも肉（骨なし）	1枚（約250g）／かぶるくらい	ゆでる	**6分**	自然放置	
	いわし （骨までやわらかく）	18cm前後／ひたひた	煮る	**10〜15分**	自然放置	
	さば	切り身／ひたひた	煮る	**5分**	自然放置	
	大根	2cm輪切り／かぶるくらい	ゆでる	**8分**	自然放置	
	じゃがいも（男爵）	中（1個80〜120g）／200mℓ	蒸す	**5〜10分**	自然放置	
	さつまいも （紅あずま）	1本丸ごと（約250g　直径3〜4cm）／200mℓ	蒸す	**8分**	自然放置	
フィスラー **ビタビット プレミアム 4.5L**  **「中圧」を加えた3段階設定で 食材に合わせた調理ができる。** 容量4.5 ℓ／重量3.2kg／ ステンレス製／スプリング式／ 圧力切り替え式／保証10年	牛すね肉	500g（ブロック）／800mℓ		**20〜30分**	自然放置	
	豚もも肉	500g（ブロック）／600mℓ		**10分**	自然放置	
	豚バラ肉	500g（ひと口大）／200mℓ		**10分**	自然放置	
	骨つき鶏もも肉	4本（800g）／200mℓ		**5分**	自然放置	
	いわし （骨までやわらかく）	5〜6尾（500g）		**20分**	自然放置	骨をやわらかく しないときは 3〜5分
	切り身魚	4切れ（500g）		**4分**	自然放置	
	大根	500g（3〜4cm輪切り）／200mℓ		**3分**	自然放置	
	じゃがいも	丸ごと／200mℓ		**8分**	自然放置	蒸し器にのせる
	大豆	300g／800mℓ		**5分**	自然放置	湯に1時間 つけてから加圧
WMF（ヴェーエムエフ） **パーフェクト プラス圧力鍋4.5L**  **ワンタッチで着脱可能な取っ手。 耐久性が高く、簡単な操作で安心。 高圧／低圧の切り替えが可能。** 容量4.5 ℓ／重量3.2kg／ ステンレス製／スプリング式／ 圧力切り替え式／保証10年	牛すじ肉	400g（小さめのひと口大）／1 ℓ		**25〜30分**	自然放置	
	豚ロース肉	1kg（ブロックを3等分）／300mℓ	蒸す	**40分**	自然放置	
	豚スペアリブ	600g／250mℓ	蒸す	**10分**	自然放置	
	骨つき鶏もも肉	4本／250mℓ	蒸す	**10分**	自然放置	
	いわし （骨までやわらかく）	4尾（2〜3等分に切る）／360mℓ		**20分**	自然放置	
	さんま	3尾（4等分に切る）／360mℓ		**15分**	自然放置	
	黒豆	1カップ（150g）／600mℓ		**5〜10分**	自然放置	水にひと晩つけてもどす
	玄米	2合／460mℓ		**20分**	自然放置	
	白米	2合／360mℓ		**4分**	自然放置	
ワンダーシェフ **オースプラス5.0L**  **おしゃれなデザイン。 超高圧と高圧の切り替え式で ふたはワンタッチ開閉。** 容量5.0 ℓ／重量約3.0kg／ ステンレス製・底はステンレスとアルミの3層構造／オモリ式／ 圧力切り替え式／保証1年	牛すね肉	700g（6cm角切り）／450mℓ	ゆでる	**6分**	自然放置	
	豚もも肉	600g（300g×2）／400mℓ	ゆでる	**5分**	自然放置	
	豚バラ肉	800g（1.5cm厚さに切る）／ 400mℓ	ゆでる	**4分**	自然放置	
	骨つき鶏もも肉	4本／400mℓ	ゆでる	**1分30秒**	自然放置	
	いわし （骨までやわらかく）	6尾（4等分に切る）／200mℓ	ゆでる	**8分**	自然放置	
	さば	1尾（3等分の筒切り）／180mℓ	ゆでる	**1分**	自然放置	
	大根	300g（1cm幅のいちょう切り）／ 250mℓ	ゆでる	**30秒**	自然放置	
	じゃがいも	4個（半分に切る）／ 材料の半分の高さ	ゆでる	**1分**	自然放置	
	大豆	200g／800mℓ	ゆでる	**1分**	自然放置	熱湯に2時間 つけてもどす

石原洋子

料理研究家。日本料理、フランス料理、中国料理をその道の第一人者から学び、料理研究家のアシスタントを経て独立。自宅で主宰する料理教室は45年以上にわたって人気。ほとんどの生徒が何十年も通い続けている。一方、テレビ、雑誌、書籍の分野でも活躍し、そのレシピはしっかりとした基礎と豊富な知識に基づき、繰り返し作れると定評がある。圧力鍋との出会いも約40年前に。1988年には『圧力鍋のヘルシークッキング』(文化出版局)を出版。現在も圧力鍋を愛用。『シンプルはおいしい！』(小社刊) など著書多数。

デザイン ――― 蓮尾真沙子 (tri)
撮影 ――― 澤木央子
スタイリング ――― 西﨑弥沙
調理アシスタント ― 泉名彩乃　清水美紀
取材・文 ――― 遠田敬子
校閲 ――― K.I.A
編集 ――― 上野まどか

撮影協力 ――― 株式会社鋳物屋
山形県東根市若木5555-18
TEL0237-47-3434
http://imonoya.co.jp

忙しい人ほど楽になる！

圧力鍋の
生涯作り続けたいレシピ100

著　者　石原洋子
編集人　足立昭子
発行人　殿塚郁夫
発行所　株式会社主婦と生活社
〒 104-8357 東京都中央区京橋 3-5-7
TEL03-3563-5321 (編集部)
TEL03-3563-5121 (販売部)
TEL03-3563-5125 (生産部)
https://www.shufu.co.jp
ryourinohon@mb.shufu.co.jp
製版所　東京カラーフォト・プロセス株式会社
印刷所　共同印刷株式会社
製本所　共同製本株式会社

ISBN978-4-391-15627-0

落丁・乱丁の場合はお取り替えいたします。 お買い求めの書店か、小社生産部までお申し出ください。